人気の冷やし麺

ラーメン・うどん・そば・冷麺・パスタの
「評判の冷製」を解説

旭屋出版

ラーメン・中華麺

うどん・そうめん・ひやむぎ・きしめん

そば

韓国冷麺・盛岡冷麺

パスタ

本書を読む前に

- 本書は、「人気店の冷たい麺料理」を2021年3月から撮影を始めて集めました。販売期間が「2021年○月～○月」とあるものは、その期間限定で販売している時に撮影した商品写真です。盛り付け、器などは、販売当時の内容です。
- 販売期間が「2021年○月～○月」とある商品では、その販売当時の販売価格を掲載しています。
- 販売期間が「通年」とある商品では、2022年3月現在の値段と盛り付け内容、器です。
- 掲載している値段は、「税別」の表記がない場合は税込み値段です。
- 掲載している各店の住所・営業時間・定休日は、2022年3月現在のものです。諸事情により営業時間、休業日が変わることもあるので、お確かめください。

人気の冷やし麺

主要トッピング別【さくいん】

主要トッピング別 さくいん

人気の
冷やし麺

ラーメン
中華麺

焼きあご塩らー麺 たかはし［東京・歌舞伎町］

焼きあごの冷しとろみそば

【 販売期間：2021年6月～9月（全8店など）／販売価格：1000円 】

納豆昆布で出汁をとり、ジュレ状のスープに！

スープは、焼きアゴと2年熟成本枯れカツオ節、昆布でとる出汁。タレには、愛知県産の非加熱有機白出汁を使用。昆布は粘りの強い納豆昆布を使用することで、仕上がりのスープはまるでジュレ状とも呼べるとろみがついた状態に。そのとろみが麺によくからんで、麺をすするときに、麺とともにアゴ出汁をしっかりと持ち上げていくという趣向。麺は、2種類の国産小麦を使う、小麦本来の風味と食感が味わえるのが特徴の細麺。ミシュラン掲載店『らぁ麺やまぐち』プロデュースの細麺「麦の香」。香味油には、白絞油で作るアゴ油を。トッピングは、豚ロースチャーシュー、白髪ねぎ、マジックレッド、大葉。豚肉は、那須高原豚のロースを低温調理してやわらかく仕上げたもの。そのチャーシューの上には大葉ソースをのせる。途中でスープに溶かして、味と香りの変化を楽しませる。残ったスープをご飯にかけ、冷たい出汁茶漬けにする食べ方もすすめている。

焼きあご塩らー麺 たかはし［東京・歌舞伎町］

しじみ貝の冷たい昆布水つけ麺

【 販売期間：2021年6月〜9月（全8店で月替わりで提供）／販売価格：950円 】

2020年も提供し、アンケートで人気1位になった冷やし麺。つけ汁は、シジミ貝とシロクチ煮干しの出汁をきかせ、アサリやカツオ節、丸鶏でコクを加えたスープに、焼きアゴやアサリの出汁と沖縄天然塩で作るタレを合わせたもの。シジミ油をつけ汁の香味油として加えている。麺は、ミシュラン掲載店『らぁ麺やまぐち』プロデュースの「麦の香」。2種類の国産小麦を使う、小麦本来の風味と食感が味わえるのが特徴の細麺。麺は羅臼昆布水をかけて提供する。麺の上には、豚ロースチャーシュー、レモンスライス、白ねぎ、三つ葉、ピンクペッパーを。まず、昆布水をまとった麺を味わってもらい、続いて、シジミ貝の出汁のきいたつけ汁に浸して味わってもらう。途中、レモンを絞って味の変化も楽しめる。食べ終わったら、昆布水をつけ汁に加えて冷たいスープを楽しんでもらう。また、そのつけ汁のスープをご飯にかけ、冷たい出汁茶漬けとして楽しむ食べ方もすすめている。

焼きあご塩らー麺 たかはし［東京・歌舞伎町］

じゅんさいの冷たいモリンガつけ麺

【 販売期間：2021年6月〜9月（全8店で月替わりで提供）／販売価格：1000円 】

麺は、奇跡の木と言われ、90種類以上の天然栄養素が含まれるスーパーフードのモリンガを練り込んだ緑色の細ストレート麺。つけ汁は、ミシュラン掲載店『らぁ麺やまぐち』の丸鶏スープに、低温で火入れした島根県森田醤油の生醤油を合わせたもの。そこに6月からが旬のじゅんさいを加え、隠し味にバルサミコ酢を加えている。
つけ汁には、他に鶏ムネ肉チャーシュー、九条ねぎも。モリンガ麺の豊かな香りを味わえ、じゅんさいのみずみずしさも楽しめるつけ汁にこだわった。モリンガ麺は、昆布水をかけて提供。まず、昆布水をまとったモリンガ麺だけを味わって、その麺の香りや爽やかさを確かめてもらい、続いて、つけ汁に浸して味わってもらうよう、すすめている。食べ終わったら、麺皿に残った昆布水をつけ汁に加えてスープとして楽しんでもらい、さらに、そのスープをご飯にかけて冷たい出汁茶漬けにするのも、おすすめしている。

焼きあご塩らー麺 たかはし［東京・歌舞伎町］

彩りトマトの冷しモリンガ麺

【 販売期間:2021年6月〜9月(全8店で月替わりで提供)／販売価格:950円 】

天然栄養素を90種類以上含む、次世代スーパーフードの「モリンガ」を練り込んだ細ストレート麺を使用。スープは、夏の限定らしく、美容にいいとされるリコピンが豊富なトマトを主体に、豚骨、鶏ガラと5種類の魚介をブレンドして作り、焼きアゴの出汁と沖縄産天然塩で作るタレと合わせる。香味油には、オリーブオイルを合わせた。
トッピングは、焼きトマト、黄色トマト、鶏ムネ肉チャーシュー、クレソン。トッピングにもトマトを使い、鶏ムネ肉チャーシューにはタプナードものせた。
黒オリーブベースのタプナードとともに鶏チャーシューを食べたり、タプナードはスープに溶かして味の変化も楽しめるもの。残ったスープにご飯を入れて、冷たいリゾットにしてトマトのスープを最後まで堪能する食べ方をすすめている。

焼きあご塩らー麺 たかはし［東京・歌舞伎町］

渡り蟹の濃厚冷し麺

【販売期間:2021年6月～9月（全8店で月替わりで提供）／販売価格:950円】

渡り蟹を丸ごと絞りつくすようにして作る濃厚で、贅沢な余韻が続く冷たいスープが一番の特徴。さらに、香味油として渡り蟹油を合わせている。渡り蟹のハサミ以外をミキサーにかけて粉砕し、植物性油でじっくり炊いて蟹の風味を引き出して渡り蟹油は作っている。タレは、焼きアゴ、アサリの出汁と沖縄産天然塩を合わせたもの。麺は、2種類の国産小麦を使う、小麦本来の風味と食感が味わえるのが特徴のすすり心地のいい細ストレート麺で、ミシュラン掲載店『らぁ麺やまぐち』プロデュースの細麺「麦の香」を合わせている。

トッピングは、鶏ムネ肉チャーシュー、蟹団子、アーリーレッド、セルフィーユ、トビッコ。トビッコは、食感のアクセントになり、渡り蟹の濃厚スープを引き立てる役割もする。残ったスープにご飯を入れて、冷たいリゾットにする食べ方が人気を呼んでいる。

ラーメンsorenari［東京・太平］

和風冷やしラーメン

【 販売期間：2021年6月～9月中旬／販売価格：1000円 】

冷やしラーメンは気温が上がるとともに人気が高まるので、2020年も提供した。2021年は、ねぎに水菜を加えて見た目と食感を少しアレンジ。スープは昆布と干し椎茸を水出しし、その出汁を火にかけてカツオ節を加えて漉した和出汁を冷やしたもの。タレは、出汁の風味が引き立つので塩ダレを合わせた。香味油は、カツオの魚粉を菜種油で炊いたカツオ油で、隠し味に柚子胡椒の風味をプラスしている。麺は、切り刃20番のストレート麺で、1人前150g。

トッピングは、鶏ムネ肉チャーシュー、メンマ、小松菜を茹でて出汁醤油に浸したもの、水菜とねぎをカツオのタレで和えたもの、刻み海苔。

冷やしラーメンは、スルスルと食べやすいので、鶏ムネ肉チャーシューは厚切りで3切れ、メンマは多め、小松菜やねぎと水菜も多めに盛って、いろいろな食感の変化を最後まで楽しめるような盛り付けの構成にしている。

ラーメンsorenari［東京・太平］

冷やし白黒担々麺

【 販売期間:2021年6月～9月中旬／販売価格:1100円 】

冷やし担々麺に黒ごまペーストが別添えになった「冷やし担々麺（1000円）」のバリエーション。途中で黒ゴマペーストをスープに溶かすことで味の変化を楽しめる。黒ごまペーストは、黒ごまのペーストに甜麺醤を加えて甘みとコクを調整している。
スープは、「和風冷やしラーメン」の和出汁で、タレは塩ダレを合わせる。練りごま、黒砂糖を加えて味を調えている。麺は切り刃20番のストレート麺で、1人前150g。冷やしておいたスープには刻んだねぎ、ザーサイを入れ、茹でて水でしめた麺を入れ、トッピングする。トッピングは、豚挽き肉と玉ねぎの肉味噌、ザーサイの細切り、小松菜の煮びたし、ねぎせん切り、山椒粉、ラー油。ラー油は自家製で、国産唐辛子、韓国唐辛子に八角、肉桂を加えて白絞油とごま油をブレンドした油で炊いて香りよく仕上げたもの。自家製ラー油は人気の「辛そば」（900円）にも活用している。

麺匠 風流［千葉・柏井町］

冷やしらーめん(塩)＋鶏チャーシュー

【 販売期間:平日の営業時間と、土曜日の夜の営業時間／販売価格:850円 】

ラーメンのスープの濃度・風合いごとにメニュー構成をし、「あっさり」用に鶏清湯を取り、「こってり」用に豚骨スープを仕込んでいる。
「冷やしらーめん」は、開業3年目から提供。近隣の同業店との差別化のため、販売する営業時間は限っているが、通年で「塩」と「醤油」を用意して提供している。「冷やしまぜそば」も通年で提供している。「冷やしらーめん」に使うスープは、鶏清湯。鶏胴ガラ、鶏首ガラ（あべどり）と香味野菜、昆布を炊いた鶏清湯を冷やし、冷えて固まった油脂を取り除いたスープを使用する。さっぱりと食べやすいように香味油は追加していない。麺は中細ストレート麺で、1人前130g。トッピングは鶏チャーシュー、青ねぎ、白ねぎ、メンマ、ワカメ。鶏チャーシューはモモ肉を使用。通常、1枚のところ、追加（150円）すると計7枚がのる。

麺匠 風流［千葉・柏井町］

冷やしまぜそば

【販売期間:平日の営業時間と、土曜日の夜の営業時間／販売価格:700円】

温かいまぜそばと冷たいまぜそばを通年で提供している。「冷やしまぜそば」の麺は、温かいまぜそばが中太麺であるのに対して、食べやすいように中細麺を合わせた。温かいまぜそばの中太麺は270gで、「冷やし」の中細麺は200gで茹で時間は3分で、冷水でしめて盛り付ける。また、温かいまぜそばは角切り豚チャーシューを合わせるのに対して、「冷やし」では鶏モモ肉のチャーシューをほぐして合わせ、麺と混ぜやすいように、そして、あっさり食べられるようにする。

温かいまぜそばは香味油として背脂を使うが、「冷やし」のほうはごま油を使う。また、「冷やし」のほうは塩ダレに柚子ポン酢を少し加えてさっぱりと食べられるようにもアレンジしている。ほか、ねぎ、メンマをのせる。温かいまぜそばには海苔をのせるが、「冷やし」は固まるのでのせていない。

新潟らーめん こばやし［東京・住吉町］

冷しまぜそば

【 販売期間:2021年6月～秋彼岸 ／ 販売価格:950円 】

燕三条系ラーメンをうたい、2017年にオープン。醤油のきいた背脂（量を選べる）がのったラーメンが看板商品。温かい汁なし麺を「油そば」として提供し、2021年6月から冷たい汁なし麺として「冷しまぜそば」を始めた。
麺は、ラーメンと同じ多加水の太麺。茹で時間は5分ほど。1人前は並で250gあり、大盛では400gで、ボリュームがあるのが同店の特徴でもある。麺は、茹でて冷水でしめて醤油ダレや背脂と混ぜてトッピングする。醤油ダレはチャーシューを浸けた醤油などを合わせたもの。そこに酢、ラー油、魚粉、自家製芝麻醤を加えて調味する。トッピングは、豚バラチャーシュー、水菜、ねぎ。温かい「油そば」との違いは、冷たいほうは合わせる背脂を少な目にすることと、温かい「油そば」には豚バラチャーシューではなく、圧力鍋でトロトロになるまで炊いた軟骨付き豚バラ肉（パイカ）がのること。

新潟らーめん こばやし［東京・住吉町］

冷しトロロらーめん

【 販売期間：2021年6月～秋彼岸 ／ 販売価格：950円 】

とろろ汁をかけた温かいラーメンの冷たいバージョンを2021年から始めた。麺は温かいラーメンと同じ多加水の太麺。スープは、醤油ダレと調味水を合わせたもの。醤油ダレは、カツオ出汁などを合わせた醤油ダレと、チャーシューを浸けた醤油ダレをブレンドして使っている。ラーメン用の煮干しのきいたスープは冷やすと脂が固まるので、冷たいラーメンには醤油ダレと調味水を合わせてスープにしている。

トッピングは、豚バラチャーシュー、水菜、メンマ、刻み海苔、とろろ汁。とろろ汁は、ラーメンに使う醤油ダレで味付けし、ラーメンのスープとの一体感を出している。冷たいとろろ汁をすするように、暑い日にのど越しの良さを楽しみながら一気に食べ進む人もいれば、残ったスープをご飯にかけて、冷やしとろろ飯にして食べるのも人気がある。

利尻昆布ラーメン くろおび［東京・新橋］

冷やしラーメン（塩）＋豆乳スープ

【販売期間：2021年5月～9月末／販売価格：900円】

「利尻産天然利尻昆布100％使用」と「化学調味料不使用」を店のコンセプトにしているラーメン店。この「冷やしラーメン」のスープ、麺、香味油、タレは「冷やしくろおびラーメン」と同じで、「冷やし」は、プラス50円でスープに豆乳を加えて豆乳スープにできる楽しみ方も用意している。

豆乳に利尻昆布を浸して昆布出汁の風味を含ませたものを合わせるので、豆乳を加えてもスープの風味が薄まることはなく、豆乳と出汁の風味の両方をしっかり味わえるよう工夫を加えている。

トッピングは、鶏ムネ肉を低温調理した鶏ハム、穂先メンマ、ねぎ、大葉、糸唐辛子。温かいラーメン同様に、「塩」か「醤油」の味が選べる。

全体として、「塩」の注文が6割ほどで、「塩」のほうがよく出ている。

利尻昆布ラーメン くろおび［東京・新橋］

冷やし くろおびラーメン（醤油）

【 販売期間：2021年5月～9月末／販売価格：1100円 】

毎年、夏期に提供している。レモンのトッピングは嫌う人もいるので、2021年は選べる（無料）ようにした。昆布出汁は、利尻産天然利尻昆布のみを使って水出しし、他、魚介系6種類の出汁、動物系8種類の出汁、野菜5種類の出汁と合わせてスープにする。
「冷やし」では、このスープを冷やし、固まった脂は除いて、少しの野菜油とピーナッツ油を香味油として足して提供している。合わせる醤油ダレも冷やし、固まった脂を除いて「冷やし」に使っている。麺は、中加水の中細麺で、1人前140g。
トッピングは、鶏ムネ肉を低温調理した鶏ハム、豚肩ロースチャーシュー、穂先メンマ、味付け玉子、エビワンタン、ねぎ、大葉、糸唐辛子。温かい「くろおびラーメン」（1100円）では、鶏ハムの代わりに豚バラチャーシューがトッピングされる。

麺ダイニング ととこ［東京・小川町］

つったい（冷たい）まっかなトマトの酸ラーメン

【販売期間：2021年4月〜9月頃／販売価格：1080円】

スパイスを多彩に使ったトマトソースを合わせる

山形県産の食材を中心に、ラーメンを提供。温かい「まっかなトマトの酸ラーメン」（970円）の夏バージョンとして提供する品。スープは鶏と野菜でとり、熟成させている。醤油ダレには山形のマルセイしょう油を使用。このラーメン用のスープを冷やし、上から冷やした自家製トマトソースをかけたもの。

麺は北海道産小麦100％で全粒粉入りのものをねかせ、コシがあってのど越しがいい、透明感のある細麺。1人前140g。トマトソースは、ローズマリー、カイエンペッパー、チリパウダー、ナツメグなどスパイスを多彩に使って奥行きのある風味にし、隠し味に山形産3年醸造の酢を加えている。辛さは自家製ラー油で加えている。

トッピングは、山形県の米沢郷牧場で自然循環型で育った鶏を炭火で炙ったもの、山形産トマト、山形産エリンギ、玉ねぎ、ニンニク、ねぎ、水菜、ルッコラ、カラーピーマン、黒オリーブ。

麺ダイニング ととこ［東京・小川町］

つったい（冷たい）黒ごまいっぱ〜いの坦々麺

【 販売期間：2021年4月〜9月頃 ／ 販売価格：1080円 】

山形名物の「つったい（冷たい）ラーメン」は一年中提供する。それに加えて、夏期限定で「つったい（冷たい）ラーメン」を出している。黒ごまを炒ってすって作る自家製黒ごまペーストに植物性油で作る香味油を加え、冷やしたラーメン用スープと合わせてしっかり攪拌して乳化させてスープにする。隠し味に山形産3年醸造のりんご酢も。自家製ラー油で辛味をつける。麺は、ラーメンと同じ細麺。トッピングは、山形県産の鶏肉を炭火で炙ったもの、炙った豚バラチャーシュー、山形産キュウリ、ねぎ、水菜、炒ったアーモンドスライス、黒ごま、白ごま。アーモンドの上に、自家製ラー油を作るときに漉した辣粉をアクセントにのせる。

「つったい（冷たい）ラーメン」はどれも、スープに氷を浮かべて提供する。氷は麺のコシを最後まで保たせる役割をする。その日の気温によって氷が溶けるスピードが変わるので、そこも計算してスープの味を日々調整している。

麺ダイニング ととこ［東京・小川町］

つったい（冷たい）さば・生姜ラーメン

【販売期間:2021年4月～9月頃／販売価格:1080円】

醤油味スープとの一体感があるサバ水煮をのせる

「健康」を考えたら、冷たいラーメンの種類も増えた。サバはEPA、DHA、カルシウムが豊富。サバの水煮缶は山形が消費量日本一で親しまれていることから、ラーメンにも活用し、「つったい（冷たい）ラーメン」にも合わせて夏期限定のメニューにした。

サバ水煮缶は山形で人気のマルハニチロの「月花」を使用。ラーメンとの一体感を出すためにラーメンに使う醤油ダレをまぶしてからトッピングする。トッピングは他に、生姜、紅たで、貝割れ、みょうが、ねぎ、水菜、柚子皮。麺はラーメンと同じ細麺で、スープもラーメンと同じく鶏と野菜の熟成スープ。

サバの増量（2倍）はプラス200円で注文できる。他、おすすめの追加トッピングとして、りんご酢、おろしニンニク、柚子皮、ごまダレ、無添加マヨネーズ（各50円）を用意している。

麺ダイニング ととこ［東京・小川町］

梅つったい（冷たい）ラーメン

【 販売期間:2021年4月〜9月頃／販売価格:970円 】

夏期限定の「つったい（冷たい）ラーメン」は、芹が出まわり始めたら（およそ9月頃）販売を止めている。「梅つったい（冷たい）ラーメン」のスープ、麺は、他の「つったい（冷たい）ラーメン」と同じ。スープに刻んだ梅しそと梅干し、りんご酢、梅酢が加わり、さっぱり感が強い一杯になっている。

トッピングは、減塩・無添加の南高梅、山形県産の鶏肉の炭火炙り焼き、メンマ、海苔、無添加のナルトと、できるだけ山形産のキュウリと食用菊、ねぎ、ワカメ。ねぎの上には「つったい油」と呼んでいる香味油をのせている。「つったい油」は、ねぎ油と鶏油、スープ、ねぎなどを合わせて冷やしたもので、スープと混ざると香りと旨味が変化するのを楽しめるというもの。

追加トッピングとして、下足天(200円)、揚げ玉(50円)が人気がある。

鶏そば・ラーメン Tonari［東京・円山町］

冷やし 海老担々麺

【販売期間:2021年5月～9月／販売価格:1300円】

小海老入り肉味噌や、海老のトッピングで風味を強調

同店の定番メニューである「白醤油鶏そば」の鶏ガラ主体のスープに、甘エビの頭とニンニクを油で炊いてペーストにしたものを加え、さらに豆板醤、ねりごま、山椒、オイスターソースや甘口・濃口醤油、白醤油のタレを加えた。麺の加水率は33%で平打ち麺。茹でる時間は濃厚なスープにからむよう、通常のラーメンよりも長めで2分20秒ほど。肉味噌はニンニクと鶏挽き肉、小エビなどを混ぜ、よりエビの風味がより強く出るようにしている。さらに麺の上には殻ごと食べられる「天使の海老」を酒と塩で茹でたものを一尾トッピング。

スープの上にかけるラー油とマー油は自家製。辛さは控えめで様々なスープと調味料が麺とよくからみ、動物系と魚介系のそれぞれのコクを引き出している。限定メニューは女性客からの注文も多く、オーナーが発信するSNSを見てから訪問する人も多いという。特に冷やし麺のトッピングは写真映えするように工夫されている。

鶏そば・ラーメン Tonari［東京・円山町］

冷やし親鶏とろろ鶏そば

【 販売期間：2021年5月〜9月 ／ 販売価格：1300円 】

鶏の旨味が凝縮されたスープを冷やし麺に活用したもの。丸鶏と鶏ガラを炊いたスープを冷やしたものを使用している。モミジを入れないで炊くので、冷やしてもゼラチン状にならない。タレは白醤油のタレで、とろろにも白醤油ダレを混ぜることによってスープとの一体感が出るようにしている。

メインのトッピングは親鶏のモモ肉を使ったチャーシュー。こちらは低温調理で作る。香味油は鶏油で、冷たいスープにかけて固まらないようにサラダ油を加えてのばしている。

麺は加水率33%の細麺。通常のラーメンよりもじっくりと茹でる分、水分を吸収するので冷たいスープとの相性もよい。器の端に加えられたワサビはお好みでスープに混ぜるようになっている。「冷やし親鶏とろろ鶏そば」はリクエストすれば冷やしだけでなく、温かいスープにして提供することも可能。

中華そば 二階堂［東京・飯田橋］

冷やしイリコそば

【販売期間：2021年6月〜9月中旬／販売価格：880円】

伊吹産イリコを中心にした優しい味でロングセラーに

創業50年の老舗が作る優しい味わいの冷やし麺。スープはイリコをベースに炊き上げている。タレは塩ダレ、みりん、淡口醤油、昆布、鶏油などを組み合わせたもの。冷やし麺のスープにも伊吹産のイリコを中心に数種類の煮干しとともに炊き上げたスープを活用している。麺は国産小麦粉100%の特殊な熟成法で作る手もみ平打ちちぢれ麺。加水を抑えていて小麦本来の味を存分に味わえるようにこだわっている。伯方の塩を入れて練り込んでおり、しっかりとした麺となり、滑らかに仕上がるという。イリコ出汁の効いたスープとの相性もよい。

トッピングには豚肩ロースのチャーシュー、メンマ、キュウリ、ワカメ、レモンと比較的さっぱりとした食材を盛り合わせている。温かいイリコラーメンとは異なり、冷やしにすることでスープはイリコ本来の風味がより強調され、コクと旨味が十分に味わえるように仕上がっている。

中華そば 二階堂［東京・飯田橋］

冷やし豆乳担々麺

【 販売期間：2021年6月〜9月中旬／販売価格：1000円 】

夏季になると注文が増えるというのが同店で人気の「冷やし豆乳担々麺」。温かい担々麺のスープは鶏ガラのスープであるのに対して冷たい担々麺のスープは豆乳がベース。醤油ダレやねりごま、赤と青の山椒、ラー油、芝麻醤などがブレンドされている。肉味噌は甜麺醤や豆板醤で調味し、牛肉と豚肉の合い挽き。甘みと旨味が同時に効いていて、優しい味わいのスープとの相性も抜群。具材は、特別に仕入れる極太豆もやし、ザーサイ、キュウリ、トマト、メンマ、味玉、白ごま。つけめん用と同じ麺で、低加水で作り上げた麺はなめらかさとコシが特徴でスープにもよくからむようになっている。

辛味の決め手となるラー油は自家製で4つの唐辛子を使い、八角、山椒、陳皮、ねぎ、玉ねぎを加えてスープ全体の香りを引き立てる仕上がりに。芝麻醤はごまだけでなく、ピーナッツバターを加えることによって、深いコクを出した自家製を使用。

濃厚鶏そば 晴壱［東京・住吉町］

冷やし柚子鶏そば

【販売期間:2021年5月中旬～9月中旬／販売価格:800円】

ここ3、4年、毎夏出している人気の品。スープは同店の看板メニューである「濃厚鶏白湯そば」と同じ鶏白湯を冷やしたもの。冷えてジュレ状にスープは固まっていて中細麺によくからむのがこの商品の魅力になっている。濃い鶏白湯は、そのまま冷やすだけだと硬く固まってしまうので、麺とからみやすく、飲みやすいように濃度を調整して冷やしている。

タレは塩に生姜、少しの柚子油を混ぜた塩ダレ。麺は冷やし用に用意した中細麺を使用している。一人前140g。

トッピングは鶏ムネ肉を低温調理したチャーシュー、青ねぎ、玉ねぎ粗みじん切り、穂先メンマ、柚子の皮。

卓上に備え置かれた、京都祇園の「原了郭　黒七味」や、ラー油ベースに5種類の調味料を加えた「自家製辛み」を途中でかけて味変を楽しむ人も多い。

黒酢(酸)、山椒(麻)、ラー油(辣)の
好バランスの仕上がりに!

MOOGA［東京・末広町］

小麦粉リャンピー

【 販売期間：通年 ／ 販売価格：600円 】

『MOOGA』は日本で唯一のリャンピー専門店。リャンピーは中国全土で食べられている中国版の冷やし中華といったところで、現地では夏の風物詩的存在。同店で使用する麺は、小麦粉を水に溶かしておき、その沈殿した部分に塩を加えて練って生地を作る。その生地を熟成させ、蒸してから切って麺線にしていくという独特の製法。太さは1.5㎝くらいの平打麺で歯ごたえがある。並で240g、大盛り300g（150円増）。麺は冷やしておき、調理する際はそのまま使う。作り方としてはまず丼にもやしを入れてその上に麺をのせた後、キュウリ、人参、グルテン（小麦粉で作るたんぱく質）をのせ、中国黒酢とニンニクのソース、山椒ベースのソースをかける。最後に20種類のスパイスを混ぜた自家製ラー油をかけて完成。黒酢のコクのある酸味が強いが、特製ラー油のマイルドな辛味がアクセントとなり、非常にバランスのとれた旨味が出てくる。同料金で米の麺にも変更が可能。

リャンピーは茹でる必要はなく、注文と同時に器にのせるだけ。トッピングは、もやし、キュウリ、人参、グルテン（小麦粉で作るたんぱく質）の4つ。

1

まず、器にもやしを入れた後、麺線をのせ、トッピングをのせていく。もやしを始めに入れるのは、ボリューム感を演出する効果もあるという。

2

トッピングを盛り付けたら、中国黒酢とニンニクのソース、山椒ベースのソースを重ねるようにかけ、最後は自家製ラー油をかければ完成。

MOOGA［東京・末広町］

秘制リャンピー

【 販売期間:通年 ／ 販売価格:750円 】

『MOOGA』で提供するリャンピーは日本人向けにアレンジされたもので本場・西安の麺に比べてマイルドになっている。「秘制」というのは秘伝というような意味があり、本場の西安の激辛スタイルで提供するもの。西安出身の中国人客が喜ぶほどの本場の味にしている。リャンピーは、生地を蒸してから切る麺なので、モチモチの食感が楽しめ、唐辛子を使った激辛ソースとも相性は抜群。麺には中国黒酢とニンニクのソース、山椒ベースのソースを混ぜ、刻んだ唐辛子と生ニンニクで作る激辛ペーストをかける。こちらのペーストは通常のリャンピーに使うものと比べて1.5倍ほどの辛さ。トッピングはキュウリと人参、もやし、グルテン。さらに、辛さを和らげるために湯通ししたブロッコリーを加えている。激辛ペーストを麺によく混ぜて食べるので、痺れるような辛味があるが、20種類のスパイスを使用したラー油の香りも広がり、全体的にさっぱりとした味わいに。

MOOGA［東京・末広町］

野菜リャンピー

【 販売期間:通年 ／ 販売価格:750円 】

『MOOGA』では中国の夏の風物詩であるリャンピーを通年で提供している。リャンピーは、生地を蒸しているのでまるで寒天のような歯ごたえを持つ麺。これと数種類のソースとラー油でからめて食べるというのが食べ方。小麦粉の麺が定番だが、米の麺にも変更することも可能。定番のリャンピーはキュウリと人参、もやし、小麦粉のグルテンといったシンプルな食材を混ぜて食べるといったスタイルだが、こちらの「野菜リャンピー」はさらに野菜を多くトッピングしたもの。特に女性人気が高いという。通常のリャンピーの野菜に加えてレタス、水菜、パプリカ、ピーマンが入っており、混ぜ合わせるとツルツルとした食感が楽しめるリャンピーに様々な野菜の食感が加わる。リャンピーの味付けとなる、黒酢とニンニクのソース、山椒をベースにしたソース、自家製ラー油も野菜ドレッシングになり、サラダうどんのような感覚で楽しめる。

ラー油3種類+麻辣豆で、
旨味と食感に広がりを！

MOOGA［東京・末広町］

冷やしビャンビャン麺

【 販売期間:通年 ／ 販売価格:750円 】

リャンピー専門店『MOOGA』では、リピーター向けにビャンビャン麺も用意している。ビャンビャン麺は小麦粉を熟成させ、叩いて伸ばすことで弾力を加える麺のこと。こちらも陝西省でよく知られる平打麺。3分ほど茹でた後、冷やし麺用に冷水でしめる。一般的にビャンビャン麺は冷やして食べることは少ないが、叩くことで麺そのものにコシが生まれるので冷やし麺としても歯ごたえが感じられる。一人前200g、大盛で300g（150円増）。食感のアクセントになる小松菜も同時に茹でる。トッピングはキュウリと人参、もやし、麻辣風味のピーナッツと歯ごたえがあるものを選択。3種類の味わいの異なるラー油を加えることで、辛味と甘味が合わさった複雑な旨味が麺全体に生まれる。本場ではよくかき混ぜて食べるので、日本の汁なし麺よりも少し多めに混ぜると味が麺全体に染み渡るとのこと。

1 まず、小麦粉と水、食塩を混ぜて棒状にし、熟成させた生地を用意。事前に工場にてビャンビャン麺用に熟成させたものを店で保管している。

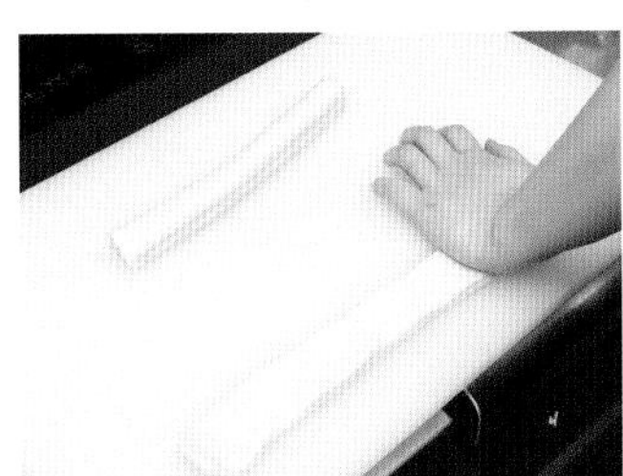

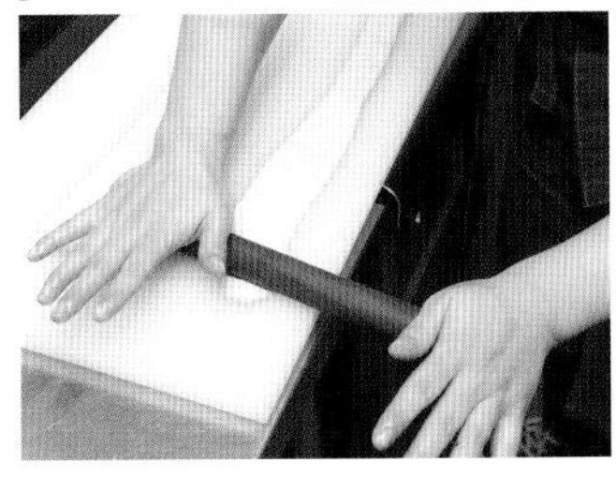

2 生地を麺棒で押しながら広げていき、2cm～3cmの幅にする。長さは両手を広げたくらいのサイズにし、1m程度に調整。

3 伸ばした生地の端を両手で持って、まな板に何度も叩きつける。叩きつけることによってグルテンが分解され、食感を生み出す。

4 伸ばした生地は切り分けずに、そのまま沸騰したお湯に入れ、3分ほど茹でる。この時にトッピングの小松菜も合わせて茹でておく。

5 茹で終わったら今後は氷を入れた冷水で麺をしめる。食感をよくするため、トッピングの小松菜も冷水で冷やしておく。

6 最後はトッピングとしてキュウリと人参、もやし、麻辣風味のピーナッツをのせ、3種類のラー油を丼の上に回すようにかけて完成。

立ち食い貝だしらぁめん まぜそば 魚匠［東京・神楽坂］

貝だしトマトらぁめん（冷）

【販売期間:2021年／販売価格:950円】

魚貝料理を看板商品に、女性一人でも来店しやすい立ち飲み店として人気がある『魚匠』。昼の時間帯は『立ち食い貝だしらぁめん まぜそば 魚匠』として営業し、集客に成功している。昼に提供しているのは、「貝だし」を打ち出したあっさり系のラーメン。同店では、醤油・塩・まぜそばの3種類と、季節限定のトマト麺を提供している。自店が魚貝酒場のため、店のイメージと合致しやすいと考えた。「貝だしトマトらぁめん（冷）」は夏向けにさっぱりと食べられるメニューとして開発。鶏の清湯とホールトマト、トマトピューレ、アサリ出汁を合わせて1時間半ほど煮詰め、トマトの旨味を凝縮。麺はスープとのからみがよい平打ち麺を使用。温麺または冷麺から選べる。現在は、チャーシューや味玉などのトッピングと、かえし、香味油などを自家製にしており、夜のメニューとも連携させながら独自の味を追求している。

海老丸らーめん［東京・神保町］

太刀魚の冷やしらーめん スープドポワソン

【 販売期間：2021年7月下旬〜8月上旬／販売価格：1300円 】

『海老丸らーめん』では、甲殻類を殻ごと使うフレンチの“ビスク”をベースにしたスープで独自の道をゆく創作ラーメンで評判の店。看板ラーメンの「海老丸らーめん」はフレンチの技法を取り入れながら、旨みの深さと奥行きを追求した品。それ以外にも季節限定で提供する冷やし麺のほか、1週間ごとに変わる限定メニューも出す。「太刀魚の冷やしらーめん」もその1つで、夏が旬のタチウオを出汁と具材に使う。フレンチのスープ・ド・ポワソンのように、タチウオのアラをローストして出汁を取り、すっきりと酢を効かせた夏らしい味わいにした。タチウオの身は塩でメてから昆布メにし、オイルでマリネする。キウイやブドウなどフルーツは、その酸味を巧みに生かす。フレンチの技を駆使した具材の限定メニューも多く、季節の限定メニューを目当てに通うお客も多い。麺は「海老丸らーめん」と変え、さっぱりとしたスープに合うように細麺に。

海老丸らーめん［東京・神保町］

冷やしカニラーメン ソフト シェルフラット

【 販売期間:2021年6月〜9月 ／ 販売価格:1500円 】

蟹ラーメンは『海老丸らーめん』の限定メニューの中でも高い人気を誇る。限定メニューは週替わりで出すが、蟹ラーメンは1年に2回ほど提供し、これは夏期の蟹ラーメン。販売予定の60食が1日で開店してすぐに完売するという。こだわりのスープはベニズワイ蟹の蟹味噌ベース。試行錯誤しながら作り上げたスープで、蟹味噌を牛乳で伸ばして蟹本来の濃厚さを引き出している。麺はラーメンに使用するものとは異なり、低加水の細麺。トッピングの最大の特徴はソフトシェフクラブを揚げたもの。見た目のインパクトも強く、サクサクの食感が濃厚なスープとの相性も良い。スープの上にはパプリカやブルーベリー、ラズベリーをのせ、アクセントにバジルオイルをかけた。蟹の濃厚なスープにフレンチの要素も加わっている。最近は香味油を加えないで仕上げるというが、蟹を揚げた油にトマトペーストを混ぜたものや、ラズベリーのピューレを入れた油をかけるなど、改良を重ねて提供している。

海老丸らーめん［東京・神保町］

海老丸式 冷やし担々麺

【 販売期間:2021年6月～9月 ／ 販売価格: 1200円 】

同店自慢のオマールエビスープを担々麺に活用した、毎年の夏季限定メニュー。オマールエビのスープにねりごま、ラー油、唐辛子、青山椒、ごま油、キュウリ粗みじん、白ごま、フライドガーリックを。青山椒はムーランで挽いて入れてフレッシュな香りも加える。2021年は酢を隠し味に加えた。酢を入れることによって、最後まで飽きさせないで食べ進められる。麺は冷やし用に加水率低めの細麺を用意。トッピングの肉味噌は豆板醤で牛肉を調味。挽き肉は豚肉で作ることもある。他は軽くローストしたプチトマト、茹でたアルゼンチン産アカエビ、小松菜のおひたし、レモン風味のハーブのバジルパープル、レアチャーシュー、白ごま、ねぎ。口直しとしてキウイフルーツを加えている。香味のアクセントとなるハーブは日によって変化するが、パクチーのときが多いとのこと。フレンチレストランを営むシェフが考案しただけあり、全体的にマイルドであっさり風味に仕上げている。

甘み＋サッパリを追求した
王道タレで楽しむ定番冷やし中華

揚子江菜館［東京・神保町］

五色涼拌麺

【販売期間：通年／販売価格：1540円】

昭和8年（1933年）、二代目オーナーが考案した元祖冷やし中華「五色涼拌麺」は、いまでも夏のピーク時には１日250食以上を売り、冬でも１日20食売るなど、一年を通じて人気のメニュー。形状は富士山を、そして、彩りは四季をモチーフにしている。盛り付けを山状に盛り付け、その周りにキュウリ、チャーシュー、糸寒天、タケノコ、錦糸玉子、絹サヤ、椎茸、エビ、うずら卵、肉団子の10種の具材を使い、きれいに盛り付ける。ツルツルと程よい食感の特製細打ち卵麺は、浅草の製麺業者に仕様書を発注。茹で時間は、食感を同じにするため季節で調節。水で洗い、仕上がり15℃前後を維持する。1人前230g。この麺にからめるのが甘酢タレで、日本産の酢と濃口醤油、上白糖、そして五色涼拌麺専用の旨みを引き出すスープを配合している。食べた時のひと口目のインパクトが特徴で、口に入れた瞬間、甘みを感じるものの、次第にサッパリと感じるように。この独特のタレは発売以来、とくに女性客に支持され続けているという。

1
麺は季節によって茹で時間を調整。洗い具合もポイントで、あまり麺がツルツルだとタレとからまないので、ほどよくからむ質感になるようにしている。

2
麺をうずまき状に盛り付け、頂点にうずら玉子と肉団子をのせ、側面を具材で覆う。これは富士山をモチーフにしているという。

3
最後は錦糸玉子をのせる。これは富士山にかかる雲をイメージしていて、うずら玉子と肉団子を隠すようにトッピングしている。

揚子江菜館［東京・神保町］

三絲冷麺（さんす冷しそば）

【 販売期間:通年 ／ 販売価格:1310円 】

さっぱりとしたものを求める女性客に人気なのが「三絲冷麺」。アミノ酸を多く含んだ黒酢を使ったメニューを開発したいと手掛けた「新しい冷やし中華」。三絲とは「3つの細長い具材」という意味で、トッピングはピーマン細切り、もやし、裂いた鶏ムネ肉の3品のこと。コンセプトは「店で最もさっぱりとした品」で、同店の看板メニューである「五色涼拌麺」のコクのある甘みに対して、こちらは全く別方向で非常に爽やかな味わいに。野菜を多く使用し、ヘルシーさをアピールしているので女性客に人気がある。麺は長年付き合いのある製麺所で発注する、弾力のある細麺。汁なし麺だけに麺のコシが出るように、季節によって加水率を変更し、茹で時間も2 ～ 4分とその日に合わせてベストな状態になるように調整する。麺は一人前230gと多めだが、黒酢をベースにしたオリジナルのタレの効果もあり、非常に軽やか。

揚子江菜館［東京・神保町］

坦々冷麺（たんたん冷しそば）

【販売期間：通年／販売価格：1050円】

同店で1950年代から看板メニューとなっている「五色涼拌麺」の、夏向けのバリエーションとして開発したのが「坦々冷麺」。今から20年ほど前、黒酢ブームの際に、本場の四川風担々麺も受け入れられてきたということもあり、その2つを組み合わせた「新しい冷やし中華」として考案した。夏季は近隣の男性のサラリーマン客の注文が多い。タレは同店の定番である「五色涼拌麺」の特製ダレに黒酢を組み合わせており、麺にからむように若干濃いめでコクのある味わいに。麺は季節によって加水などを調節し、茹で時間も2 ～ 4分と幅がある。麺は一人前230g。トッピングは国産ピーマンと白髪ねぎ、豚挽き肉そぼろ。担々麺でも使用するそぼろは、XO醤やオイスターソースなどで調味する特製そぼろ。食感のよい野菜とコクのある黒酢を組み合わせることで、濃厚な坦々麺のスタイルであってもさっぱりとした味わいを楽しめるというのが特徴だ。

チリトマラーメンTHANK［東京・大門］

冷やしスペシャル チリトマラーメン

【 販売期間:2021年6 ～9月 ／ 販売価格:1100円 】

チリトマスープが人気の『チリトマラーメンTHANK』。定番のチリトマラーメンを冷やし麺にアレンジしたものが「冷やしチリトマラーメン」。麺は全粒粉を使った中細麺である「中華麺」と、スーパーフードのモリンガを使った「モリンガ麺」の2種類が選べる。それぞれ120g。茹で時間は20秒ほど。スープはレギュラーのチリトマラーメンと同じで、清湯と野菜ポタージュ（トマト、レンズ豆、玉ねぎ、人参、アサリ）を2対1で割ったものを冷やす。植物性の油を使用しているので、冷やしてもスープがゼリー状に固まることがなく、トロトロになる。麺の上に挽き肉の入ったミートソースをのせ、トマトマー油とマー油をかける。スープに香味油を混ぜて馴染ませると徐々に香りと味が変化していく。スペシャルはケイジャンチキンが4切れとパクチー、味玉がのった豪華版。通常版（850円）ではトッピングはケイジャンチキン2切れとパクチーのみ。

チリトマラーメンTHANK［東京・大門］

冷やしスペシャル つけめん

【 販売期間:2021年6 ～9月 ／販売価格:1100円 】

食べ進みながら味の変化も
楽しめる2種類の香味油

同店ではトマトの旨味を活かしたメニューが多いが、その中でもつけ麺は甘みと酸味をより味わうことができる。こちらはつけ麺を冷やしにアレンジしたもので、スープは店の看板メニューであるチリトマラーメンと同様に、清湯と野菜ポタージュを割って冷やす。つけ麺用につけ汁は少し濃く味付けする。麺は焙煎した小麦を使用し、モチモチ食感の中太麺である「ロースト麺」と、スーパーフードのモリンガを麺に練り込んだ「モリンガ麺」の2種類から選択可。ラーメンの麺と違い、つけ麺では40秒多く茹でる。麺量は小200g、中250g、大300gで同料金に。つけ汁はスープにミートソースとマー油、自家製トマトラー油（トマトピューレ、赤唐辛子、韓国唐辛子、山椒、花椒、イカパウダー）を合わせる。香味油を徐々に合わせることで、食べ進めると味わいが変化。通常の「つけめん（850円）」だとトッピングはケイジャンチキン2つとパクチーのみのだが、スペシャルではケイジャンチキンが4つとパクチー、味玉がのる。

チリトマラーメンTHANK［東京・大門］

クミン香る冷やしスパイスラーメン

【販売期間:2021年8・9月／販売価格:1100円】

『チリトマラーメンTHANK』では2020年より「マイクロ・グルメ・ジャーニー」という世界の料理をアレンジしたものを限定メニューで提供しており、常連客も飽きさせないメニュー作りを行っている。こちらはペルー版で、ペルーのパスタ料理、ソパクリオージャ（Sopa criolla）がモチーフ。麺は中細の中華麺を使用。ベースのタレは姉妹店の『鶏ポタラーメンTHANK』の看板メニューである「鶏ポタラーメン」で使用しているタレで、薄口醤油、塩、ザラメ、昆布、貝柱、椎茸などで作ったもの。このタレに、トマト、パプリカ、玉ねぎ、ニンニク、クミン、チリパウダー、砂糖、牛乳、鶏ガラスープを配合。タレとスープは320㎖対80㎖の配合で、冷やしスープにしている。トッピングは牛ハツのアンティクーチョ（串焼き）、パプリカ、オリーブオイル、レモン汁、ルッコラ、焼きトマト、玉ねぎと人参のサラダ、塩味の鶏そぼろ。クミンの香りを特徴として商品名でうたいながら、全体的に味のバランスを意識したとのこと。

鶏ポタラーメンTHANK［東京・大門］

冷やしタンタン麺

【販売期間：2021年5月上旬〜9月／販売価格：920円】

香味油の辛味、スープの甘味、酸味のアクセントをまとめた

『鶏ポタラーメンTHANK』は濃厚なのにあっさり風味の鶏ポタラーメンで人気の店。「毎日でも食べたいラーメン」というのがコンセプトで、うま味調味料は使用しないのも店の特徴に。夏季限定で、5年連続で提供しているのが、この「冷やしタンタン麺」。麺は中太卵麺を使用。手もみ縮れ麺で冷やし用に3分40秒と長めに茹でているので、モチモチした食感が楽しめる。スープは鶏ガラスープにごまペースト、胡椒、豆乳を混ぜたもの。さらにレモン汁、甘酢、酢を合わせて酸味を加えている。トッピングはパクチー、もやし、キュウリ、温泉卵、アーリーレッド。香りを豊かにするために、ラー油とカツオ出汁を加える。メニューのコンセプトとして、キレのある辛味、スープの甘味、酸味の3つが楽しめることを大事にしている。卓上のピクルスは玉ねぎと人参のみじん切り、レモンの皮、穀物酢で作ったもので、冷やし麺との相性が良く、スープに入れると全体的に爽やかになるので、味変として勧めている。

鶏ポタラーメンTHANK［東京・大門］

モルディブ風カツオの冷やしラーメン

【販売期間:2021年8月（大門店）、9月（御茶ノ水店）／販売価格:1000円】

モルディブのカツオ料理を ラーメンに合わせ創作

『鶏ポタラーメンTHANK』では、限定メニューを「マイクロ・グルメ・ジャーニー」として、世界の料理をアレンジしたものを考案。ラーメンを食べながら世界を旅するような感覚が楽しめるというのがテーマ。こちらはモルディブの料理で使用されるマスフニ（カツオのフレーク）をラーメンに応用したもの。スープはココナッツミルク、清湯、ケイジャンスパイス、オールスパイスを合わせた。火入れしてから冷やして全体に馴染ませる。タレは定番メニューである鶏ポタラーメンのタレを使用し、昆布、イタヤガイ、椎茸などを使った塩ダレ。1人前10㎖。非常にあっさりしているが、トッピングの味が濃いのでスープの濃さが抑えられている。トッピングはカツオの竜田揚げ、パプリカ、パクチー、カツオのフレーク（ココナッツで味つけし、アーリーレッドなどを混ぜたもの）、ヤングコーン、ライム。香味油として、サラダ油とオリーブオイルを半々に割ったものを合わせる。

中華蕎麦 きみのあーる［東京・飯田橋］

特製 冷製・塩

【 販売期間:通年 ／ 販売価格:1300円 】

オリーブオイル香る生ハムがのる、イタリア風の冷やし麺！

かつて飯田橋にあった『中華蕎麦 きみの』の人気メニューを、店を引き継いだ二代目が先代からレシピを引き継ぎ、そのまま再現。先代の女将がイタリア旅行の際に食べたカッペリーニをモチーフにした麺料理だと言われている。スープは大山地鶏をベースにカツオ節と煮干し、昆布や椎茸を炊いたもの。うま味調味料は不使用で仕上げている。女性客に人気が高いのが「冷製・塩」。塩味が強い塩、ミネラル分の多い塩など、各地の塩を4種類組み合わせて塩ダレにする。塩味の中の旨味を生かし、全体的にまろやかな仕上がりに。麺は茹で前140g、茹で時間は1分。茹で上がったら氷水でしめる。全粒粉入りで独自のさらっとした食感が特徴の麺。「特製冷製・塩」のトッピングはオリーブオイルに漬け込んだ生ハムが5 ～ 6枚、ミニトマト、白ねぎ、レタス。通常メニューは生ハムが3枚、ミニトマト、白ねぎ。そこにオリーブオイルと黒胡椒をかける。

中華蕎麦 きみのあーる［東京・飯田橋］

特製 冷製・醤油

【 販売期間：通年 ／ 販売価格：1300円 】

『中華蕎麦 きみのあーる』は飯田橋で人気があった『中華蕎麦 きみの』を引き継いだ店。人気メニューの一つ「冷製」もレシピを変えずに提供している。こちらの「冷製・醤油」は2種類の宮城産の醤油を配合して作った特製ダレを使用。冷やしメニューであるため、スープの色が黒く濁らないように醤油は色味が淡いものを選んだ。合わせるスープは、大山地鶏をベースに、カツオ節、煮干し、昆布、椎茸に香味野菜などを炊いたもの。麺は茹で前140g。大盛りは210g（+150円）。「特製冷製・醤油」は人気トッピングであるチャーシューを2枚のせる。ねぎ、ニンニク、玉ねぎ、みりんなどで炊いた豚バラ肉のチャーシューは食べごたえ抜群。さらに「特製」には味玉、万能ねぎ、多めのメンマ、海苔2枚が入る。通常メニューだと、チャーシュー 1枚にメンマと海苔1枚のみ。麺の上にかけるラー油はごま油と変更が可能で、ヘルシーさを求める女性客にも対応している。

冷やし中華専門店 ひやちゅう［東京・吉祥寺］

アジアンひやちゅう

【 販売期間:2021年7月12日〜9月30日 ／ 販売価格:950円 】

日本で唯一の冷やし中華専門『ひやちゅう』。年中、冷やし中華を提供。こちらはテレビ番組とのコラボで生まれた夏らしい一品。同店では、冷やし中華をアレンジした、ブラックビネガーやグリーンソースなどの洋風の味が基本だが、こちらはナンプラーなどを使用し、東南アジア風に冷やし中華をアレンジ。麺は特注で、並が150g。茹で時間は3分30秒と少しだけ芯が残る程度に調整する。一般的な冷やし中華の中細麺ではなく、茹でた後、冷水でしめるとモチモチ食感が出るという太麺に。よって、冷やし中華の味わいというよりもパスタのような食感が楽しめる麺だ。麺にからめるタレは醤油ベースでナンプラーを混ぜ、ごま油も加えている。事前にソースを麺とよく混ぜてから提供するので、そのまま食べることができるというのも同店の特徴。トッピングはパクチー、紫玉ねぎ、バナメイエビ、ライム。ライムを途中で絞ることでより東南アジア風味に味変できる。

冷やし中華専門店 ひやちゅう［東京・吉祥寺］

イタリアンひやちゅう

【販売期間:2021年7月12日～9月30日まで／販売価格:900円】

同店は、年中冷やし麺を出しているが、こちらはテレビ番組の企画で考案して夏期限定で提供したもの。合わせる太麺は並が150g、大盛りが225g（100円増）で、茹で時間は3分30秒。麺は茹で上がった後、水で洗い、ぬめりをとる。水は氷水ではなく、冷水で流す程度にするとソースとの馴染みがよくなり、一般の冷やし中華とは違う味わいが出てくる。タレはレギュラーの「ひやちゅう」で使用している特製ダレをベースに、醤油とトマトケチャップを加えたもの。湯剥きトマトをダイス状にカットしてタレに混ぜて、麺に盛り付ける。そこに初摘みオリーブを100％使ったオリーブオイルを混ぜる。香りの良い油を合わせると味わいにも深みが出る。トッピングはダイス状のクリームチーズ、細めに切ったゴーダチーズ、バジル。冷やし麺なので、チーズの活用は難しく、麺との相性を深めるために試行錯誤した結果、クリームチーズとゴーダチーズの組み合わせに落ち着いた。

冷やし中華専門店 ひやちゅう［東京・吉祥寺］

レモンわさびひやちゅう

【販売期間：2021年9月／販売価格：950円】

同店は、もともとハワイでの営業を目指し、ニューヨークにて夏季限定で実験的な営業を3年繰り返していた。現地で様々な「ひやちゅう」を考案した中でニューヨーカーに一番人気だったのが、「レモンわさびひやちゅう」。タレは生搾りレモン、すりおろしわさび、塩、白出汁、カツオ出汁、黒胡椒などを配合し、ピュアオリーブオイルを混ぜる。エグさのないピュアオリーブオイルのほうがわさび風味と相性が良かった。トッピングはヤングコーン、ズッキーニ、ブロッコリー・スプラウト、レモン、ワカメ、紫玉ねぎ、生わさび。麺とタレはからめてから提供し、添える生わさびで辛さを調整できるようにした。わさびのピリッとした味わいが強い一品ではあるが、レモンのさっぱりとした風味で緩和されることにより、辛いものが苦手でも手軽に挑戦できるというのコンセプト。日本でも非常に好評だったため、これまで何度か限定メニューに加わえている。

らぁめん冠尾（かむろ）［東京・恵比寿］

とうもろこしの冷やし鶏白湯らぁめん

【販売期間：2021年8月の金・土・日限定／販売価格：1000円】

鶏白湯ラーメンが人気の同店が考案した夏らしいさっぱりとした冷やし麺。夏季限定で4年ほど出し、1日20～40食限定だが、開店1時間で完売する人気メニュー。麺はラーメンと同じ低加水の細麺。一人前140g。茹で時間は1分30分ほど。スープに使うとうもろこしのメインはゴールドラッシュという品種で時期によって変更している。スープはとうもろこしの芯とヒゲを入れ、鶏モモ肉の挽き肉、ねぎ、生姜を加え、清湯のスープと合わせて冷やし、それとは別にとうもろこしの実と鶏白湯、生クリーム、濃口醤油を合わせたものを炊き、最後に2つを組み合わせる。香味油は生姜風味のオリーブオイル。茹でたとうもろこしはブロック状にカットして歯ごたえが楽しめるトッピングに。他には、キャベツ、鶏ムネ肉とモモ肉のチャーシュー、玉ねぎ、サニーレタス、ベビーリーフ、プチトマト。醤油の焼きとうもろこしも加えて、夏祭りの夜店のようなにぎやかさを演出した。

らぁめん冠尾（かむろ）［東京・恵比寿］

ひやし辛和え麺

【販売期間：2021年6月〜9月中旬／販売価格：980円】

同店はラーメンのメニューも豊富で、和え麺タイプの「濃厚辛合え麺」も出す。これを夏用にアレンジしたものが「ひやし辛和え麺」。麺はツルツルとした食感のものを合わせる。つけ麺用の麺を使用し、一人前200gと通常よりも多め。茹で時間は2分30秒。麺にからめるスープは豆乳とラー油、それに砂糖と醤油、ごまペースト。ラー油はニンニク、玉ねぎ、スターアニスなどの数種のスパイスを使い、辛さよりも香味を強調した自家製のもの。トッピングは、キャベツ、玉ねぎ、味付け玉子、インゲン、鶏モモ肉のチャーシュー、肉味噌。肉味噌は豚肉を使わずにマッシュルームとラー油で作る。香味油は使用せず、ごま、黒胡椒、花椒を混ぜたものを仕上げにふりかける。メニュー名は「辛和え麺」とはなっているものの、コンセプトとしては、辛さよりもラー油の香りを堪能できるような麺を目指しており、さっぱりとした食感を楽しめるようにした。

辛麺屋 一輪 水道橋店［東京・水道橋］

ジャージャー麺

【販売期間：2021年7～8月／販売価格：990円】

宮崎県のご当地ラーメン・辛麺の専門店。名物である辛麺以外にも多彩なメニューを用意しており、「ジャージャー麺」は辛い麺が苦手でも気軽に食べることができる夏限定のメニューとして開発。麺の量は茹で前で一人前140g。大盛り210g。辛麺で使用するこんにゃく麺は使用せず、細めの中華麺を使用。以前は太麺を使用したこともあるが、スープにからみやすいので現在は細麺に。茹で時間は1分半ほど。茹でた後、流水で洗った麺は、ツルッとした食感を出すためにラー油をまぶす。肉味噌は2種類の豆板醤、甜麺醤、唐辛子、牛豚の合い挽き肉などで作り、ピリ辛風味に仕上げている。トッピングはキュウリとプチトマト。全体的にマイルドな風味に仕上げたジャージャー麺ではあるものの、花椒をふりかけているので、香りが立つようになっている。ひと口バターライスをセットにし、麺を食べ終わった後、残った肉味噌と合わせてダブルで楽しめるのも魅力に。

辛麺屋 一輪 水道橋店［東京・水道橋］

冷やしマグマつけ麺

【販売期間：通年／販売価格：1000円】

看板商品の辛麺をつけ麺で楽しめるように開発した冷やし麺。麺は辛麺で使用されるこんにゃく麺ではなく、平打ち麺を使用。つけ汁をつけて食べるスタイルなのでコシを重視した平打ち麺を選んだ。つけ汁は辛麺でも使用する鶏ガラ主体スープに、牛豚の合い挽き肉、カツオ風味のめんつゆ、サバやカツオのエキスを使ったオリジナルの出汁を合わせる。「マグマ」は辛さの段階で、同店では辛さは1辛から25辛まで調整でき、その上の段階がマグマ。唐辛子は25辛と同じ分量だが、中国産の激辛唐辛子「満点星唐辛子」と九州産の唐辛子を配合し、25辛の上の激辛に仕上げた。麺の量は210gで、1.5玉の大盛りサイズとなっている。麺と盛るもやしは辛さを和らげる役割もする。つけ汁には、ごま油で炒めたニンニクが入り、上には辛麺らしくニラを。スープタイプの辛麺でも「マグマ」が選べるが、辛味が強く、つけ麺タイプにすると、つけ汁を少しずつつけて楽しめるという点で、大きな違いになっている。

辛麺屋 一輪 水道橋店［東京・水道橋］

冷麺

【 販売期間:2021年7月～9月中旬／販売価格:750円 】

低カロリーこんにゃく麺と
酸味の冷たいスープが人気

宮崎辛麺は熱い激辛スープで楽しむ印象があるが、新しい辛麺の楽しみ方を提案したのが、この「冷麺」。辛麺に使用するこんにゃく麺を冷やし、夏らしい一品に。こんにゃく麺は小麦粉とそば粉を合わせた麺で、カロリーが低く、ヘルシーという点で女性客に人気がある。同店のこんにゃく麺は細めにしており、氷水で冷やすとより弾力溢れる麺へと変化。麺は茹で前150gで、大盛りが200g。ベースは牛骨スープで、韓国の冷麺風の味わいに、酢や砂糖などで調味。まろかやな酸っぱさがあり、キムチの優しい辛味が爽やかな冷たいスープに。トッピングは自家製豚バラ肉のチャーシュー、キムチ、キュウリ、プチトマト、味玉、ごま。辛子を添えてあるので、スープに混ぜるとピリ辛風味に味変することも可能。韓国風の冷麺のようなさっぱりとした味わいがあるものの、宮崎辛麺のこんにゃく麺を使用することで、麺の歯ごたえが堪能できるようになっている。

竹末東京Premium［東京・押上］

冷やし鴨油そば

【 販売期間:2021年8月上旬〜9月上旬／販売価格:1200円 】

鴨油で作る辛味ねぎ油を
和え、爽やかな後味に！

同店は、カウンター越しにライブ感覚で創作ラーメンの調理工程も楽しめるのが特徴。期間限定メニューはほぼ月替りで、1ヶ月間で多い時は2～3品出す。この「冷やし鴨油そば」は夏向けの品。冷たくしめた麺に、鴨油に山椒、国産ねぎと生姜などで作るねぎ油、醤油ダレを和える。タレは3種類の醤油を混ぜた醤油ダレ。麺はモチモチの食感が堪能できる太麺で、茹で時間9分。トッピングは、半熟玉子、サラダ菜、ルッコラ、輪切りの玉ねぎ。チャーシューは7種類の日替わりチャーシューから3種類をのせる。別皿でレモン、花椒、海苔。レモンと花椒は味変用ではあるが、海苔を別皿にしたのは歯に付くのを嫌う女性へ配慮したもの。最後は余ったタレをスープ割にして楽しむことができる。スープ割の出汁は日替わり。鴨をテーマにしたメニューは、冬でも期間限定で提供することはあるが、鴨の旨味は冷やしにしたほうが濃く出るので、あえて油そばにしている。

竹末東京Premium［東京・押上］

冷たいヤシオマスの塩そば

【販売期間：2021年8月上旬～9月上旬／販売価格：1200円】

人気の、栃木県産ヤシオマスのスープの「ヤシオマス塩そば」を冷やしに応用。ヤシオマスは脂が少なく、冷やしにしても臭みがないので、ヤシオマスの香りを存分に味わえる。ヤシオマスは身も骨もアラも炊き、清湯風にする。これに水出しした昆布と片口イワシを合わせてスープに。タレは塩3種類に干し椎茸などを使った、レギュラーメニューのラーメンと同じ塩ダレ。麺は細麺で、茹で時間は1分程度。トッピングはねぎ、青玉ねぎ、日替わりチャーシュー3種類、青梗菜、少し炒めたドライトマト、コンフィ（鮭、鶏肉、ポルチーニのオリーブオイル煮）、自家製鶏油、カットした柚子。スープはトッピングが混ざると味変するようになっており、コンフィを少しずつ崩すと、鮭の旨みが全体に加わる。店では最後に柚子を絞るという食べ方を勧めており、スープに柑橘類のフレッシュな風味もプラスされていくという構造になっているのが特徴。

徒歩徒歩亭［東京・四谷］

涼麺

【販売期間:5月中旬～9月中旬／販売価格:1430円】

四谷の『徒歩徒歩亭』は雲呑麺で人気の店。「涼麺」はオープン当初から夏季限定の人気メニュー。オーナーの先代が営業していた店でも提供していたため、ファンも多い。レギュラーメニューのラーメンは鶏ガラ中心のスープだが、このメニューだけのために国産豚骨で出汁をとり、冷製用スープに。冷やしたスープはゼリー状だが、麺と混ぜると徐々に溶けてからむようになる。麺は温かい麺と同じ中細のちぢれ麺。1人前150g、茹で時間4分ほど。スープは濃厚な味わいのため、ラーメンは1分30分～ 2分の茹で時間なのに対し、涼麺用の麺は柔らかくなるまで茹でるのが特徴。トッピングは茹でた豚バラ肉、貝割れ、白髪ねぎ、オクラ、唐辛子とエノキを入れたモミジおろし。食べ方について決まりはないが、冷製用スープにモミジおろしを溶かすようにするとピリ辛風味になり、味変が楽しめる。スープは豚骨独特の臭みもなく、コラーゲンもたっぷり入っているので、女性客にも好評だ。

徒歩徒歩亭［東京・四谷］

醤油の涼つけ麺

【販売期間:5月中旬〜9月中旬／販売価格:1260円】

辛口つけ汁と、ざるそば風に
味わってもらうつけ麺！

「日本そば」をイメージして開発した冷やし麺。夏季限定だけに、魚介出汁と濃口醤油を混ぜ合わせたつけ汁で食べるスタイル。特に年配の常連客からの注文が多い。麺1人前150g、茹で時間4分ほど。大盛りはプラス100円で200gに。温かいラーメン用の麺に比べて2倍もの茹で時間になるが、これはつけ麺という性質上、弾力のあるまま維持できるように長めに茹でている。トッピングはキュウリ、メンマ、白髪ねぎ、ごま、貝割れ、味玉、油揚げ。チャーシューは脂の少ない豚モモ肉を、わざわざつけ麺用に仕込んでいる。つけ汁は塩気が強い傾向にあるが、和風味なのでさっぱり風味。ラーメンのような食べごたえはなく、まさに日本そばのようにツルッとした喉越しを重視した和風麺といったところ。ワンタン麺が人気の店だけあって、皿ワンタン3個（400円）を追加で注文して、このつけ汁とともに楽しむお客もいる。つけ汁も和風になるので、ワンタンの風味もより爽やかに。

馬賊 浅草本店［東京・浅草］

馬賊冷やし

【販売期間:5月中旬〜9月下旬／販売価格:1300円】

1973年創業で、長年愛される老舗。「馬賊冷やし」は発売して30年ほどの歴史があり、冷やし中華の中でも注文数が一番多い。最近は芸能人がテレビでよく紹介していることから、遠方からこれを目当てにやってくる客も増えている。麺は薄力粉を水で練り、一晩寝かせ、注文の度に打ち伸ばし、ひねりを加えて倍に伸ばすという独特の製麺法でコシが強い。麺量は330g程度で3分茹でる。茹で上がった後はすぐに氷水で締め、モチモチの食感に。打ち立ての麺であるため、通常のものよりも麺が伸びやすいという傾向があり、早めに食べることを推奨している。冷やし中華の基本トッピングはもやし、メンマ、ワカメ、キュウリ、ハム、クラゲ、紅生姜、貝割れで、「馬賊冷やし」にはボイルイカとエビ、国産豚の肩ロースを醤油ダレに漬け込ん肉厚チャーシュー。ピーナッツも加えた特製醤油ダレ、同店で人気メニューである担々麺用のごまダレをかけ、ラー油をかける。

馬賊 浅草本店［東京・浅草］

韓国冷やし

【販売期間:5月中旬〜9月下旬／販売価格:1500円】

こちらは一番人気の極厚チャーシューののった「馬賊冷やし」にキムチなどを加え、麺をたっぷりの韓国産唐辛子粉で和えたアレンジメニュー。同店では、夏になると冷やし中華の注文数が上がるため、リピーター向けにバリエーションを増やそうと開発されたもの。「韓国冷やし」は韓国唐辛子のほんのりとした甘みの後に少し辛さを感じる、さっぱり風味が特徴だ。麺は、注文の度に生地から打ち伸ばし、ひねりを加えて倍に伸ばす。麺量は330g程度で、茹で時間は3分。トッピングはもやし、メンマ、ワカメ、キュウリ、ハム、クラゲ、紅生姜、貝割れ。醤油ダレは、ピーナッツなどのナッツ類をブレンドした特製ダレ。ビビン麺のように見た目は辛そうに見えるが、韓国産の唐辛子を使用するため、麺は辛味と同時に酸味が溢れて出てきて中和するという仕組み。よって、冷やし中華のバリエーションとして旨味のある辛さに仕上げている。

東京麺珍亭本舗 四谷四丁目店［東京・四谷四丁目］

本気の冷やし油そば・特製

【販売期間：2021年5月～10月中旬／販売価格：1000円】

同店は油そば専門店。温かい汁なし麺が基本メニューだが、夏期は冷やしメニューも用意。夏期は、お客の1～2割は冷やしを注文。麺は並140g。大盛りは無料で210g。油そばは醤油ベースのタレだが、冷やしではカツオ出汁の塩ダレを使用し、あっさり感を出す。麺は油そばと共通のモチモチの中太麺。冷やしにするとコシがより強くなり、歯ごたえが増す。油そば同様、冷やしでも卓上のラー油や酢を使うお客も多い。辛いもの好きのために、ハバネロなどの激辛唐辛子が入った「ドロ唐辛子」も用意。「特製」では、チャーシューは2枚、ほぐしチャーシュー、青ねぎ、白ねぎ、半熟玉子が加わる。メンマも増量。このほぐしチャーシューは四谷四丁目店オリジナルで、醤油などで味付けしたチャーシューを肉たたきで30分以上叩いて、ほぐしたもの。ほぐしチャーシューが麺とよく混ざり、肉の旨味が麺全体に染み渡る。

東京麺珍亭本舗 四谷四丁目店［東京・四谷四丁目］

ガパオ風油そば

【販売期間:2021年8～10月／販売価格:900円】

こちらはスタッフが近所のタイ料理店を訪れた時に食べた「ガパオライス」をモチーフに油そばに応用したメニューで、四谷四丁目店限定のオリジナル油そば。温かいメニューとしての提供もするが、冷やしでも人気がある。鶏ムネ肉の挽き肉とパプリカを炒め、豆板醤、唐辛子、バジル、塩、胡椒、ガーリックパウダー、ナンプラーで調味したソースを麺の上にのせる。冷やしの場合は、具材を冷蔵して、温かい麺の場合は温めて提供。ナンプラーが挽き肉の味わいを引き立て、モチモチとした歯ごたえのある冷やし麺とよく合う。ガパオ独特のスパイシーな風味と独特のコクがあるので、油そばの定番である、味変用のラー油と酢を加える必要がないという。麺に合わせる醤油ダレはこのメニューでは他のメニューの半量程度にしてバランスを取っている。お客によってはライスを注文し、残ったガパオの具をのせて2度楽しむことも。

東京麺珍亭本舗 四谷四丁目店［東京・四谷四丁目］

食べるラー油油そば

【 販売期間:2021年9 ～11月 ／ 販売価格:900円 】

シンプルな油そばが定番人気ではあるものの、四谷四丁目店では新メニュー開発にも積極的。ただ、メニュー開発では、「パスタにならないように気をつけている」と。油そばのアレンジは、どうしてもパスタと似てくるので、油そばならではの楽しみ方を追求する。ラー油をかけて楽しむのが油そばの醍醐味ではあるが、よりラー油の旨味を強化して開発したのが、この品。テーマは「旨辛」。油そばは、ラー油や酢で味変しながら食べるものだが、こちらはさらに「食べるラー油」を追加している。通常の油そばと同じ麺、醤油ダレを使用。それに、揚げ玉ねぎと揚げニンニク、干しエビをラー油に漬けた「食べるラー油」を追加。さらに青ねぎとメンマ、同店特製のほぐしチャーシューをトッピング。揚げ玉ねぎと揚げニンニクが大量に入ったラー油が麺にからまると、サクサクの食感も加わり、通常の油そばとは異なる、新感覚の味わいに。温かいメニューとしての提供も可能。

LOKAHI［東京・北大塚］

蛤の冷やし蕎麦

【販売期間:2021年6月～8月の間で1週間限定／販売価格:960円】

「地蛤中華蕎麦」を看板メニューにする店らしく、夏向けの冷めたいバージョンとして期間限定で提供した。スープは、冷やし用に別にとったハマグリの出汁と塩ダレを合わせて冷やしたもの。麺は温かいラーメンと同じ、低加水だがモチモチした食感もある細ストレート麺。1人前130g。香味油は、植物性油で作るレモン油を。トッピングとして、ナスのオランダ煮（揚げて唐辛子入り出汁醤油で味付けしたもの）、酢取りみょうが（湯がいて甘酢に漬けたもの）、インゲンおひたし、玉ねぎみじん切り、大山鶏ムネ肉の昆布〆（スチームコンベクションオーブンで真空低温調理）を。途中で酢の物を食べると味覚がリセットするので、温かいラーメンにも何かしらの酢の物をトッピングしている。味変用に緑茶にベルガモットの風味を付けた「緑茶deアールグレイ」のやわらかいゼリーを別添えする。途中でこのゼリーをかけると、爽やかさが増して風味が変わるという趣向だ。

Renge no Gotoku［東京・渋谷］

冷やし排骨担々麺

【販売期間：通年／販売価格：980円】

渋谷駅前再開発のため惜しまれつつ閉店した排骨担々麺の名店『亜寿加』。その味を引き継ぎ、同じ桜丘町で開業した『Renge no Gotoku』。オリエンタルな雰囲気の店内は女性も入りやすく、常連客に加え新規客も増えている。名物は揚げたての豚肩ロース「排骨（パイクー）」をのせた「排骨担々麺」。温かい麺でも冷たい麺が選べるが、黒酢を加え、爽やかな酸味と辛味が楽しめる「冷やし排骨担々麺」は夏冬問わず安定した人気。

麺はモチモチ感のある中太ちぢれ麺を使用。排骨は揚げたてをのせ、薄切りだからこそ実現する軽い食感とカレー風味のスパイスが後を引く。排骨の上に水菜とせん切りキュウリをトッピング。醤油ベースのタレに、丸鶏や豚ガラ、香味野菜などで作る出汁を合わせたスープ。そこに自家焙煎ごまペーストと、数種類の唐辛子で作るオリジナルラー油を加えている。

エビの風味、ごまの風味
の濃厚さを堪能できる！

坦々麺 一龍［東京・浅草］

名物冷やし担々麺

【 販売期間：通年 ／ 販売価格：900円 】

『坦々麺 一龍』は広東料理店のオーナーシェフが手掛ける新しい担々麺専門店。これは一番人気の「濃厚担々麺」を冷やし麺に転用したもので、夏季に人気がある一品だ。清湯に、芝麻醤、濃口醤油、米酢、チキンパウダー、ごま、ピーナッツなどを混ぜたスープを冷やして、赤山椒や朝鮮唐辛子、白絞油などの13種類の素材で作り上げた自家製ラー油を合わせる。温かい担々麺に比べ、冷やしだと香りが弱くなるので、2倍の量のラー油を加えている。麺は一人前130g。北海道産の小麦粉を使用した麺で、茹で時間は3分ほど。トッピングは、ニラ、揚げたアキアミと、醤油と日本酒、みりん、砂糖で煮た牛豚の合挽き肉。麺をからめると、エビの風味とごまの濃厚さが味わえるのが特徴だ。卓上の香港産黒酢の「八珍陳酢」は、ごまの風味と愛称が良いため、味変に使うことを店では推奨している。

卓上の黒酢は「八珍陳酢」を使用。これは店主が銀座で経営している広東料理店でも使用しているもので、お客が購入先を尋ねるほどに好評だという。

1

丼を冷蔵庫で冷やしておくことにより、スープが冷めにくくなるという。冷えた丼の上に自家製のラー油を「濃厚担々麺」の2倍の量を入れ、香りを引き立てる。

2

冷やし用のごまスープは事前に精製し、冷蔵庫で保管。調理時はそのまま丼に注ぎ、自家製ラー油をゆっくりと混ぜていく。

3

3分ほど茹でた麺を氷でしめてスープに入れる。よく混ぜたら最後にニラと揚げアキアミ、牛豚の合挽き肉をトッピングしていく。

人気の
冷やし麺

うどん
そうめん
ひやむぎ
きしめん

特製の幅広きしめんが、子どもから大人まで人気

手打ちめん処 三朝［愛知・名古屋］

玉きし

【販売期間：通年／販売価格：750円】

千種区の閑静な住宅街に、昭和6年から三代続く老舗として店を構える『手打めん処三朝』。「カレーうどん」が店の名物商品だが、「玉きし」は通常の倍以上の幅が目を引くきしめんを使い、人気を集めている。まかないで食べていた卵かけご飯をヒントに三代目が考案した、同店では比較的新しいメニュー。幅が広いきしめんに、名古屋コーチンの生卵や刻み海苔、かまぼこ、甘辛く炊いた油揚げなどをのせる。つゆはなく、生卵と具材、きしめんをしっかり混ぜ合わせてから、商品と一緒に提供する地元・愛知県産の醤油をかけて好みの味に仕上げてもらうスタイル。こだわりと熟練の技術を活かして開発した“幅広きしめん”は、麺の味わいや小麦の風味がダイレクトに感じられる。温と冷の両方に対応しているが、季節に関係なく「冷」の注文が多く、子ども用に注文する家族づれも目立つという。

店では2種類のきしめんを用意。独特な食感の幅広きしめんは小麦の風味を楽しませる。冷たい麺が好評だが、温かい麺にも変更可能。

醤油は愛知県産の醤油を使用。生卵と混ぜながら自身で濃さを調整できるようになっている。卵かけご飯風に楽しめるように。

星が丘製麺所［愛知・星が丘］

太門+紅生姜天

【 販売期間：通年 ／ 販売価格：680円（太門）+180円（紅生姜天）】

本格きしめんを提供する、うどん居酒屋『うどんや 太門』の衣笠太門氏が運営する『星が丘製麺所』。同店は「CRAFT FROZEN NOODLE」と冠し、ガラス張りの製麺室を併設する冷凍麺やつゆの可能性を広げるラボ・ファクトリー。きしめんに、好きなつゆやトッピングをお客がカスタマイズするのが基軸。店内のうどんは冷凍ではあるものの、最新の冷凍・真空技術を利用し、手打ちと遜色ないきしめんを提供している。麺は並で200g。大盛りは100円プラスで300g。「太門+紅生姜天」は選ぶのが手間なお客用に、あらかじめ店側でお勧めのつゆやトッピングの組み合わせを決めたメニュー。冷たいきしめんにすだちを合わせた白つゆ＋紅生姜天のトッピング。『うどんや太門』の名物を連想させるすだちを使った一杯は、そのまま「太門」を商品名にしたという。ほかに、パクチーや大和芋とろろなどの追いトッピングも充実。

星が丘製麺所［愛知・星が丘］

星麺

【販売期間：通年／販売価格：780円】

パクチーのエスニックな風味がのど越しのいい麺によくマッチ

ショッピングモール内に位置する食のスペシャリティストア「THE KITCHEN」内に店を構える『星が丘製麺所』。やや幅広のきしめんは、つゆをたっぷりとまとい、食べ応えがある。冷たくした麺では、ツルンとしたのど越しが冴え、温かい麺では適度なもっちり感が心地よいのが特徴。店がある星ヶ丘の地名から“星”を取った「星麺」は、きしめん×味噌つゆの名古屋らしさを全面に出した組み合わせ。こちらは、冷やしたきしめんに刻んだパクチーと揚げ玉をのせ、風味や食感のアクセントをプラスした一品。麺の量は並で200g。大盛りはプラス100円で300g。同店では麺量だけでなく、つゆの種類やトッピングなどをカスタマイズして、お客の好みの一杯を作り上げるシステムとなっており、サイドメニューの天ぷらは6種類用意。エビ天やちくわ天などの定番に加えて、アボカド天や、東海エリアではめずらしい紅生姜天なども揃えている。

麺散［東京・原宿］

梅豚おろし

【販売期間：通年／販売価格：950円】

打ちたて、切りたて、茹でたてで提供する真摯な味づくりと、原宿らしい斬新さにあふれた店づくりの魅力で評判なのが、うどん専門店『麺散』。うどんは、有名うどん店で修業を重ねた職人を招聘し、独自のうどんを開発。各地のうどんのいいところ取りで、讃岐うどん寄りのコシと伸びのある麺に、北海道産の天然真昆布をメインに伊吹産のイリコを少々きかせた関西風の上質の出汁を組み合わせた。麺は同社の工場で生地のベースを作り、店内で延ばして寝かせた後、切りたての麺を注文ごとに茹で上げる。大盛りも同料金で提供。茹で時間は12～13分。遊び心あふれるアレンジメニューも開発し、総メニュー数は50アイテムに及ぶ。「梅豚おろし」は茹で豚の梅肉和え、大根おろし、九条ねぎなどを見栄えよくトッピングしたぶっかけうどん。さっぱりした味わいで、女性客中心に人気を集めている。

手打ちうどん さぬきや［東京・高円寺］

夏野菜と米沢牛の冷やしカレーうどん
―全粒粉うどんversion―

【販売期間：2021年7～9月／販売価格：1738円】

ブラッシュアップを重ねた、
20年来の夏の人気冷やしうどん

『さぬきや』は創業昭和39年の老舗うどん店。20年前に開発したメニューながら、現在も新たな客層を取り込み続けるのが、この「冷やしカレーうどん」。冷たいカレーうどんの珍しさもあり、現在でも、毎夏の人気メニューとして定着している。ブラッシュアップを重ね、現在は「免疫力」をテーマにヨーグルトを使ったつけ汁で、食物繊維豊富な全粒粉うどんと豪華な異材を組み合わせた内容に。ヨーグルトスープで作るカレーのつけ汁は、トルコ料理のヨーグルトスープがヒントになっており、ヨーグルトに火入れせず作るスープは、乳酸菌がそのまま生きている。麺は、その日に打ったものを使用。もちっとした弾力と全粒粉の優しい滋味が特徴。麺の上にのせるのは、低温で塩茹でする米沢牛のたたき、出汁に浸した冬瓜、甘酢漬けのミニトマト、フェンネルで風味を付ける日本キクラゲ。それぞれ丁寧に作る具材の滋味さも魅力。

蕎麦切 森の［東京・本郷］

冷麦

【販売期間：2021年5月上旬～9月／販売価格：1050円】

同店では、夏期に歯切れよくツルツルとした「冷麦」を提供している。そば以外にも元々うどんもあったが、茹で時間が長くお客を待たせてしまうため、夏は冷麦、冬はきしめんとより細くて茹で時間が短い麺の導入を決めた。小麦粉「農林61号」をメインに使用した自家製麺の冷麦で、農林61号は生産量が減少して入手しにくくなっているが、食感と香りがよいところが気に入り、修業時代も含めて使い続けている。随所に機器を活用しつつ、手の感覚を重視して製麺。冷麦の麺は1人前150gで、茹で時間は約1分半。スピード提供できるのも利点だ。おいしさの重要な要素としてつゆを重視。かえしは生がえしで、濃口醤油ベースの「濃口」と薄口醤油ベースの「薄口」の2つのタイプを用意している。温かい種ものや冷がけ用には、具材の映える淡い色の「薄口」を使用。その他の商品では、お客の好みで選べるようにしている。

讃岐饂飩 元喜［東京・代々木上原］

元喜盛ぶっかけ

【 販売期間：通年 ／ 販売価格：1342円 】

東京で讃岐うどん専門店がまだ少なかった2005年に開業した『讃岐饂飩 元喜』。自家製麺のうどん、つゆのおいしさが評判となり、東京に讃岐うどんのファンが増えるきっかけを作った名店。麺は素材が持つ特性を考慮しながら、理想とする麺の味わい、コシを守り続けてきた。きちんとした計量と温度管理をしながら、気候による微妙な吸水率などの変化にも留意。常に安定した高品質の麺を目指しており、外はやわらかで、中はもっちりとした心地よいコシの麺づくりをしている。つゆは、白出汁に甘味がえしと辛味がえしを合わせ、うどんに合わせての5種類のつゆを作っている。「元喜盛ぶっかけ」は、店名を冠した看板商品。ぶっかけうどんに、人気の高いかしわ天と、大ぶりのエビ天、ちくわ天の3種類の天ぷらを見栄えよく盛り付ける。これに大根おろし、すりごま、ねぎ、すだちを添える。

うどん慎［東京・新宿］

冷しょう油うどん
＋半熟たまご天＋豚チャーシュー

【 販売期間：通年 ／ 販売価格：1380円 】

打ち立て、切り立て、茹でたてにこだわる『うどん慎』のメニューの中でも、うどんの可能性を追求したメニューが同品。常に茹でたてを提供するのがポリシーなので忙しい時でも茹で置くことはしない。並でも麺は300gとボリューム満点で、店主のこだわりである「グミ」のようなモッチリとした食感が味わえる。こちらは、創作うどんメニューの中でもラーメンのような一杯の食べごたえがあり、外国人にも人気のあるメニュー。うどん独自のさっぱりさもあり、男女関係なく人気がある。トッピングのメインである豚チャーシューの部位は仕入れ状況によって異なるが、同店特製の醤油ダレで風味を付けており、和風の味わいに。半熟玉子天はうどんとからめることができるよう、黄身が溢れて出てくるような茹で加減のものを揚げている。つゆは醤油ベースで、つゆの味の濃さを自身で調整できるように別に添えて出す。

うどん慎［東京・新宿］

ごまだれぶっかけ

＋有機ベビーリーフ＋鶏肉＋メイヤーレモン＋トマト

【 販売期間：通年 ／ 販売価格：1440円 】

モチモチのうどん＋ごまダレは、夏にさっぱりと楽しむ一品として同店がおすすめしている人気メニュー。並でも麺は300gと食べごたえ抜群。茹で時間は夏だと14分で、冬は15～16分。その日の気候やうどんの状態によって調整している。うどんにかけるごまダレは、ニンニク、玉ねぎ、すりおろしたバナナを合わせたもの。バナナが入ることで、ごまダレにとろみも出てフルーティーな味わいが楽しめる。ごまダレは別皿で提供するので、一気にかけたり、少しずつ入れたりと、好みで調整できる。トッピングにはメイヤーレモンが入っており、オレンジような風味と酸味がうどん全体に加わるという趣向に。系列店のラーメン店で使用している鶏ムネ肉のチャーシューと高糖度のアメーラトマトものせて、旨味と甘味も合わせて楽しめるという味の組み立てをしている。

うどん慎［東京・新宿］

麻辣油つけうどん

【 販売期間：通年 ／ 販売価格：980円 】

しびれる辛さが特徴で、5段階で辛さも追加可に

同店は新宿で行列のできるうどん店で、創作うどんも多くメニューにそろえている。うどんのつゆの味をベースにすると、傾向として優しい味わいのメニューになりがちなので、あえて辛いメニューをと考えて加えられた個性的な創作うどん。モチモチの特製うどんに合わせるつけダレは自家製で、ラー油、山椒、唐辛子を合わせたもの。添加物不使用で調味料にもこだわりがある。麺は並300gで、茹で時間は14～16分。うどんの上には、軟白ねぎ、磯海苔、かぼちゃ、人参、ほうれん草、トマトパウダー、青海苔、梅肉がのり、6種類のパウダーの色がついたごまがかかっている。香りが強く、しびれるような辛さが特徴。さらに辛いのが好きな人に向けに、レベル1（190円）～レベル5（430円）まで辛さが追加できる。店主としては、うどん用のつゆで味付した牛肉（350円）は少し甘味があるので、これを追加でトッピングして辛さを緩和するのがおすすめだという。

うどん慎［東京・新宿］

海老と季節の野菜天ざる

天ぷら6種（海老2 野菜4）

【販売期間：通年／販売価格：1490円】

見た目のご馳走感も満点で、夏も冬も、売上げトップに

行列ができるほど人気の『うどん慎』。特に天ぷらがのったこちらのメニューは、夏でも冬でも常に売上げトップ。うどんの生地は一晩寝かせて熟成し、翌日に切る。コシだけではなく、滑らさもある「グミ感」を重視。つるっとした舌触りとプリッとした歯触りのうどんを追求している。冷たい麺だと茹で時間は14～16分で、その日の気候やうどんの状態によって調整。麺を水でしめる時にも注意し、氷でしめると硬くなるので、5℃前後の冷水機を使用。うどんの量は並でも300g。つゆは片口イワシだけを主張させずに、ムロアジ、ソウダガツオ、ウルメイワシなどを合わせ、洗練された味わいを重視。

天ぷらのエビは輸入のブラックタイガーで、食べごたえを考えたサイズを選んでいる。野菜は、春はアスパラ、夏は熊本産の大長ナスなど、旬の国産野菜を使う。

おだしうどん かかや［東京・大手町］

肉もりぶっかけうどん

【販売期間：通年／販売価格：1030円】

『おだしうどん　かかや』は出汁の味にこだわった「おだしうどん」を主軸にしているうどんチェーン。冷やしでも「おだしうどん」のつゆは活用。出汁はソウダ節、サバ節、カツオ節などからとっている。こちらは温かいメニューで人気のある「肉もりぶっかけうどん」を冷やしにしたもの。定番の「おだしうどん」を人気のトッピングである牛肉の煮込みとともに味わうというのがコンセプト。あっさりしているが、食べごたえ充実のメニューだ。麺は全粒粉と表皮を入れたヘルシーな麺で、女性に人気がある。牛肉の煮込みは鶏ガラベースのスープにカツオ、生姜などを合わせ、出汁で牛バラ肉を炊いたもの。うどんつゆと合わさると、牛肉のコクのある旨味が増す。他、トッピングは水菜と岩海苔。どちらもシャキシャキ食感で味のアクセントに。あっさりをテーマにしているが、その中にも「食べごたえ」の要素も加えた充実のメニュー。

おだしうどん かかや［東京・大手町］

鶏天おろしぶっかけうどん

【販売期間：通年／販売価格：890円】

同店の客層は、各店舗とも女性客の比率高いが、こちらは男性向けに食べごたえを重点に置いたメニュー。60gの鶏天が2つ入り、ボリューム溢れる一品に。
鶏天は、鶏ムネ肉に醤油と生姜で下味を付けてから揚げ、サクサクとした食感とともに鶏肉の旨味が口の中に広がる味わいに。全粒粉と表皮が入ったヘルシーなうどんは、並で250g、大盛は370g。並・大盛は同一料金になっており、これは男性客に好評のサービスになっている。

創業から一貫してこだわりつづけているのがうどんのつゆである同店の「おだし」。ソウダ節、サバ節、カツオ節などから出汁をとり、深い旨味が特徴。トッピングとしては大根おろし、生姜、ねぎ。大根おろしはつゆをさっぱりさせていて、鶏の天ぷらも引き立てる。食べ方としては、まずはそのまま鶏の天ぷらをつゆで味わった後、少しずつうどんを食べていき、天ぷらが十分につゆに浸るのを待つというのもおすすめだ。

おだしうどん かかや［東京・大手町］

大豆肉味噌ぶっかけうどん

【 販売期間：通年 ／ 販売価格：980円 】

『おだしうどん かかや』には、和風出汁と醤油を中心としたさっぱりとしたメニューが多いが、オリジナルうどんとしてクリームうどんなどの創作うどんの種類も多い。「大豆肉味噌ぶっかけうどん」は話題の台湾まぜそばをうどんにアレンジした一品。

トッピングは肉味噌に、トマト、ベビーリーフ、ねぎ、卵黄。肉味噌には、いま話題の大豆ミートを使用。大豆ミートは高タンパク・低カロリーでヘルシーだが、肉味噌風に味付けすると大豆とは思えない食べごたえが高まり、ボリューム感が出るのが特徴。肉を使用していないため、卵黄を抜けばベジタリアンやビーガンにも対応できる。大豆肉味噌は大豆ミートを中心に甜麺醤やコチュジャンなどで味付けしたもの。台湾まぜそばのように肉味噌と薬味を麺にからめて食べるスタイルで、全体的に刺激的な辛みで溢れ、カツオ節や昆布などの和風の旨味が強いつゆにもよく合う。

おだしうどん かかや［東京・大手町］

オリーブとアンチョビのぶっかけうどん

【 販売期間：通年 ／ 販売価格：960円 】

和風出汁を使ったさっぱり系のうどんメニューが多いなか、冷やしうどんでも「遊び心のあるメニューを」という視点で創作したのが、この品。女性客向けを意識した、パスタを彷彿とさせるぶっかけうどんで、まさにイタリア料理を食べているかのようにうどんを味わってもらおうと考案した。使用するうどんは全粒粉と表皮を入れたヘルシーな麺。ベースは冷やしぶっかけうどんではあるが、カットしたオリーブとアンチョビをオリーブオイルとブラックペッパーで混ぜたものを入れる。トッピングはトマト、ベビーリーフ、パルミジャーノチーズ。店ではイタリアの冷製パスタのように、麺と具材を混ぜてから食べるようにすすめている。アンチョビの濃厚な旨味が麺全体にからむが、ソウダ節、サバ節、カツオ節などを使用した出汁の効いたつゆが合わさえることによって絶妙なコラボレーションを生み、爽快な味わいへと変化する。

おだしうどん かかや［東京・大手町］

薩摩ハーブ鶏とパクチーの豆乳胡麻ラーうどん

【販売期間:2021年8月／販売価格:980円】

パクチー+豆乳ごまダレで女性客を魅了する冷やし麺

『おだしうどんかかや』では、夏季限定メニューとして「薩摩ハーブ鶏とパクチーの豆乳胡麻ラーうどん」を用意。ヘルシー志向の女性客をターゲットに開発した。ごまダレの冷やし中華を意識したメニューで、パクチーサラダのような見た目でインパクトもある。薩摩ハーブ鶏は、柔らかさとしっとり感が強いことで選んだ。蒸したハーブ鶏の上に食べるラー油、フライドオニオンをのせ、淡泊な鶏肉の味わいに刺激的な辛みと旨味、揚げ玉ねぎの食感をプラスした。他のトッピングはトマト、レッドオニオン。和風出汁のつゆに豆乳とごまダレを入れ、甘みのあるつゆに仕上げている。上に散りばめているパクチーは「追いパクチー」が可能で150円プラスすると、15gから30gへと倍増。パクチー増量を注文する女性客は多い。

おだしうどん かかや［東京・大手町］

ジャンボなめこと牛肉のぶっかけうどん すだち添え

【販売期間:2021年9月／販売価格:1050円】

2021年の夏季限定として「他店にはない、インパクトあるメニューを」と考案した一品。
大粒のなめこがトッピングされており、そのツルッとした独特の感触がうどんと相性がいいばかりか、夏に好まれる爽快感も生み出している。同店のうどんは女性を意識した麺にしており、全粒粉と表皮が入ったヘルシーな麺。並250gで大盛は370g。他のトッピングはクレソン、揚げナス、牛肉の煮込み。濃厚な牛肉の煮込みは、鶏ガラスープとカツオ節、生姜を混ぜて煮含めた牛バラ肉で人気のトッピングとなっている。メインのトッピングである大粒なめこに牛肉の煮込みを合わせることによってボリュームも加わる。和風の出汁を使用したつゆにすだちが加わることで、さらにさっぱりした味わいに仕上がるように。

うどん屋 ギビツミ［東京・西新宿］

梅おろしぶっかけうどん

【 販売期間：6 ～9月 ／ 販売価格：750円 】

個性的な創作うどんを多く出す『うどん屋　ギビツミ』の中にあってシンプルなメニュー。オープン当初に、さっぱりとしたメニューがほしいと考案したもの。同店のうどんは、関西風の麺で、コシよりもグミのような食感を重視している。うどんは自家製麺で生地は一日寝かしたものを使用。生地は国産小麦粉100％で、岩手産ネバリゴシとモチヒメをブレンドしている。茹で時間は7分と、長めに茹で、冷水でしめ、モチモチ食感が楽しめる仕上がりに。並280g、大盛420g。ぶっかけ用のつゆは、白ワイン、赤ワイン、日本酒、みりん、ザラメ、薄口醤油、濃口醤油、白出汁、椎茸と昆布の出汁で作る。つゆは、関東風のそばつゆをイメージしている。「梅おろしぶっかけうどん」はこのつゆをかけていただく「究極のさっぱりさ」を求めた一品。トッピングは梅肉と大根おろしのみだが、女性に人気があるメニュー。

うどん屋 ギビツミ［東京・西新宿］

冷やしオリーブ明太うどん

【 販売期間：6 〜9月 ／ 販売価格：950円 】

『ギビツミ』は「うどんじゃないとおいしくないを作る」がコンセプト。うどんの旨味を最大限に発揮できるようなメニューを開発している。「冷やしオリーブ明太うどん」は、2021年の夏には売上がトップになる日もあった人気の高い品。自家製の手打ちうどんは一般的なうどんよりも塩を多く加えて製麺して、より味わい深く仕上げている。小麦そのものの風味を重視したうどんは洋風のソースにも合う。こちらのソースには、ぶっかけ用のつゆを使用せず、特製の大葉ソースを使用するのでスパゲティ・ジェノベーゼ風にも見える。大葉ソースはミキサーにかけた大葉、オリーブオイル、ザラメ、薄口醤油、レモン汁を混ぜ合わせたもの。トッピングとして明太子とねぎを添える。ソースにオリーブオイルのコクがあるものの、全体的にさっぱりしていてヘルシーな味わい。大葉の旨味が溢れる一品だが、牡蠣醤油を別皿で提供し、大葉ソースの濃度も調整できるようにしている。

うどん屋 ギビツミ［東京・西新宿］

冷やししゃぶサラダうどん

【 販売期間:6 ～9月 ／ 販売価格:1000円 】

トマト風味のごまソースで、野菜とうどんの魅力を高める

同店は、夜の営業時間は居酒屋風のメニューが多く、バーのような雰囲気もあり、うどん店ではあるものの、女性客の利用も非常に多い。「冷やししゃぶサラダうどん」は女性客を意識して開発したメニューで、既存のサラダうどんよりも「サラダ」の盛りを多くした品。自家製のうどんはモチモチの食感があり、サラダのシャキシャキ感との相性も抜群だ。うどんの上に添えられるサラダは、ベビーリーフ、ミニトマト、オクラ、ルッコラ、貝割れ、レタス、ラディッシュ、パプリカ、生姜など、季節の野菜を山盛りに使用。これに練りごま、ごま油、トマトジュース、ザラメ、お酢、ぶっかけうどん用のつゆを混ぜて作ったごまソースをかける。これにトマトジュースを合わせることにより野菜そのものの旨味が全体に引き立てられ、一般的なごまソースのような濃厚さはないものの、コクが出ていてよりさっぱり風味に。豚バラのしゃぶしゃぶをトッピングし、食べごたえも高めた。

特撰ひやむぎ きわだち［東京・錦糸町］

冷やし梅とろろ昆布

【販売期間：通年／販売価格：850円】

とろろ昆布+南高梅で、爽快味をアピールする

同店のメニューは、つゆにつけて食べるものが主流だが、このメニューだけ冷かけスタイル。以前、浅草で営業していた時には年配のお客に人気があったという。冷や麦のメニューは基本的にあっさり風味だが、その中でも「さっぱりとした味わい」と爽快味の余韻が続くのがこのメニューの大きな魅力になっている。
薄口醤油のかえしを魚介や昆布などの出汁で割り、冷かけにする。同店の冷や麦はみずみずしく、のど越しも良いので冷かけによく合う。
トッピングは、とろろ昆布、カツオ節、南高梅、ねぎ、大葉。とろろ昆布の塩味のついた旨味に、まろやかな南高梅が混ざることで、夏らしい爽快な味わいを楽しめる一品になる。冷や麦は茹で前150g。とろろ昆布の食べごたえもあり、スルスルと食べやすいが、満足感もある冷や麦メニュー。

特撰ひやむぎ きわだち［東京・錦糸町］

つけとろ

【 販売期間：不定期／販売価格：900円 】

冷や麦専門店『特選ひやむぎ きわだち』では不定期に限定メニューを出す。この「つけとろ」もそのひとつ。カプチーノ仕立てのつけ汁はSNS映えもするので、女性に人気のある個性的なメニューだ。薄口醤油と魚介出汁を合わせたつゆに大和芋のすりおろしと卵白を混ぜ合わせる。箸で泡立たせ、カプチーノのようなふわふわした食感にする。青海苔も香りづけとして加える。泡の中にも卵白が混ざった粘りがあり、麺ともよくからむ。茹で前200gの麺量。ボリューム感のあるつけ汁ではあるが、さっぱりとした風味になっているので、女性でもほどよく食べられる量だという。別に薄口醤油ベースの通常のつけ汁も添え、味の調整もできるようにしている。トッピングはわさび、柚子胡椒、ねぎ。わさびはこのメニューだけに加わるトッピングで、ぴりっとした風味が相性抜群で店主もおすすめ。柚子胡椒で柑橘の香りが加わり、淡白な味がより深くなる。

特撰ひやむぎ きわだち［東京・錦糸町］

合盛り

【 販売期間：通年 ／ 販売価格：800円 】

『特選ひやむぎ きわだち』で最も人気のある食べ比べメニュー。太さ1.7㎝の「冷や麦」と5㎝の平打ち麺である「ひらむぎ」を100gずつのせたもの。2つの麺を同じつゆで比べながら食べることができるというのが特徴。同店の基本の麺となっている冷や麦は、群馬産の小麦粉と香川産の全粒粉を練り合わせたもので、うどんと同様に一日寝かせた後に製麺する。生地を寝かせることで、強いコシも生まれる。一方、「ひらむぎ」はオリジナルの麺で、元来は温かいつゆ用に開発したもの。温かいつゆに細麺を入れるとすぐに伸びてしまうので、おいしく食べてもらうために平打ちにした。平打ちにすると麺の表面が広がり、全粒粉の香りも冷や麦に比べると感じやすい。つけ汁は、昆布やイリコ、カツオ節、ソウダカツオ節、イカゲソ、干し椎茸の出汁を混ぜた薄口醤油ベースのもの。別皿でねぎと生姜、柚子胡椒を出して、味変を楽しめるようにしている。

特撰ひやむぎ きわだち［東京・錦糸町］

ピリ辛豚せいろ

【販売期間：通年／販売価格：950円】

男性客に人気のある冷や麦のセットで、ラーメンのつけ麺のような食べごたえを特徴にしたメニュー。全粒粉が多く入った冷や麦は、つけ麺風のつけ汁とも相性が良い。香りが豊かでそのままでも味わえる麺なので、つけ麺スタイルでは、最初は何もつけず食べることをおすすめしている。麺は茹で前220g。

つけ汁は酸辣湯をイメージにした、すっぱ辛い味。薄口醤油と魚介出汁を活かしたつゆに、豆板醤、砂糖、みりん、酢などで作る特製ダレを混ぜている。豚バラを入れて味を染み込ませ、最後にごま油を入れて提供。

つけ汁は全体的に香ばしく、味は酸っぱさが全面的に出ており、ボリューム感があるのに、さっぱりとした味わいにしている。最後はスープ割りにして中華風のスープとして楽しめるように。辛いのが苦手な人向けに、豚バラとつゆで楽しむ「豚せいろ（850円）」を用意。

そうめん酒場はやし 目黒店［東京・目黒］

豆乳温玉肉ラーそうめん

【販売期間：通年／販売価格：900円】

『そうめん酒場はやし』はそうめんの創作メニューを多数揃えている。そうめんは、三輪そうめん「誉」の手延べのみを使用。ぶっかけで食べると弾力があり、ツルッとした食感を堪能できるのが特徴だ。目黒店は女性客が多く、「豆乳温玉肉ラーそうめん」は豆乳を使ったヘルシーな内容となっており、女性人気もNo.1。トッピングはねぎ、濃口醤油で甘く煮た牛バラ肉、温泉玉子。豆乳にはそうめん用のつゆを少し入れており、ほのかにカツオ節と昆布の出汁風味が加わり、コクもプラス。豆乳と温泉玉子だけで味わう「豆乳温玉そうめん（700円）」がベースのニューで、豆乳にラー油のピリ辛風味が加わるとより旨味がマッチする。卓上トッピングのラー油を加えて辛さの調節も可能なので、担々麺のような辛味の強い麺料理として楽しむこともできる。温かいメニューにも変更でき、より濃厚な味わいにすることも可能。

そうめん酒場はやし 目黒店［東京・目黒］

山椒の肉ラーそうめん

【販売期間：通年／販売価格：900円】

『そうめん酒場はやし』は、そうめんの食べ方・楽しみ方をもっと知ってもらうために居酒屋スタイルで提供している。シメのそうめんとして提案することで、そうめんの新しい味わいもアピールするのがコンセプト。「山椒の肉ラーそうめん」は男性客人気No.1。基本メニューである生そうめん（700円）はぶっかけスタイルのねぎと海苔だけで楽しむさっぱりとしたメニューだが、それを男性向けにパンチのある商品として変化させた。トッピングはねぎ、濃口醤油で甘く煮た牛バラ肉、温泉玉子、海苔、ごま、山椒、ラー油。そうめんは薬味をつけて食べるのが基本のため「究極の薬味そうめん」を目指したという。山椒は温泉玉子の周りにかけ、かき混ぜるとピリッとした風味が広がる趣向。つゆにラー油が入り、全体的に辛味が広がるのでより濃厚に。卓上トッピングのラー油を加えて辛さの調節も可能。温かいメニューにも変更できる。

そうめん酒場はやし 目黒店［東京・目黒］

からすみそうめん

【 販売期間：通年 ／ 販売価格：1800円 】

『そうめん酒場はやし』では、そうめんのさまざまな味わいを知ってもらうため、個性溢れる創作メニューもいくつか用意している。
「からすみそうめん」はからすみのパスタからインスピレーションを受けたメニューで、見た目通り、からすみの風味を大いに楽しむために考案されたもの。茹であげた三輪そうめんにごま油をあえて、からすみパウダーをたっぷりかける。からすみのパウダーをモチモチの麺でからめるとからすみ独自の旨味が全体に染み込むようになる。からすみは風味が強く、これだけでインパクトがあるので他にトッピングは入れていない。からすみの塩分がかなり強く、豊潤な香りが口いっぱいに広がるのが特徴だ。夜は居酒屋として営業しているため、シメの麺料理として注文するお客も多い。温かいメニューにも変更可能。茹で前で1束で50g、2束で100gで、どちらも同じ料金。

そうめん酒場はやし 目黒店［東京・目黒］

豆乳温玉チーズそうめん

【販売期間：通年／販売価格：800円】

同店はそうめんをさまざまな味わいで楽しんでもらうために多くの創作メニューを開発している。その中でも目黒店は比較的若い客層が多いため、若者に向けたメニューとしてチーズを入れた、カルボナーラ風のそうめんを考案。チーズをメインとした創作そうめんは、女性客にも人気の高いメニューだ。麺は三輪そうめん「誉」の手延べを使用しており、麺そのものの弾力が特徴で、ツルッとした食感を堪能できる。コシのある三輪そうめんはパスタのようにモチモチしていて歯ごたえも楽しめる。トッピングは温泉玉子、ねぎ、パルメザンチーズ、ごま。さっぱりとした豆乳のつゆに、温泉玉子とパルメザンが入るために、これらを混ぜると濃厚なとろみも生まれ、シンプルな味わいではあるが、まさにカルボナーラのような濃厚な食べごたえが楽しめる。温かいメニューにも変更でき、こちらは冷やしよりもさらに濃厚でトロトロな味わいへと変化。

そうめん酒場はやし 目黒店［東京・目黒］

大葉のジェノベーゼそうめん

【 販売期間：通年 ／ 販売価格：990円 】

大葉のソース、トマト、生姜、みょうがで、爽快味にする！

同店は若い客層が多く、オリジナルメニューの中でも最も人気のあるのが「大葉のジェノベーゼそうめん」。麺は三輪そうめん「誉」の手延べ。梅雨を2回経た古物（ひねもの）で、新物と比べて熟成されており、コシがあるそうめんだ。麺は弾力がかなり強く、パスタのようなスタイルで食べてもツルッとした食感が楽しめるのが特徴。こちらはカツオ節と昆布のめんつゆに、刻んだトマトとミョウガ、貝割れ、生姜をのせ、ミキサーで撹拌した大葉のソースとごまを加えている。ジェノベーゼと呼んでいるが、バジルは使用していないとうのが特徴。大葉のソースがめんつゆにからむことによって、大葉の風味が全体に染み渡り、まるでジェノベーゼのような爽やかな味わいが生み出される。ソースに油分を合わせていないので、さっぱりとした味わい。温かいメニューにも変更可能で、こちらは大葉の風味がよりジェノベーゼに近いものへと変化する。

そうめん酒場はやし 目黒店［東京・目黒］

鹹豆漿麺

【 販売期間：通年 ／ 販売価格：900円 】

店のコンセプトとしては家庭で食べられるような「つけそうめん」は出しておらず、そうめんの奥深さを知ってもらうように創作メニューにも多く挑戦している同店。こちらは台湾の朝食で人気の「鹹豆漿」をアレンジした一品。鹹豆漿は「しょっぱい豆乳」という意味で、ほんのりと甘みのある豆乳のコクと塩味が楽しめる料理として有名だ。このスープにそうめんを入れるとエスニックな雰囲気の麺へと変化する。スープはラー油、ごま、酢で構成され、香り付けとしてパクチーを入れる。豆乳スープに酢が入ることで豆乳が徐々に固まり、より食べごたえが出るという。麺とからめると、ドロっとしたとろみが生まれ、豆乳のサラサラしたイメージとはまた異なる風味が堪能できるのが特徴。パクチーの香りが風味にプラスされ、パクチーが好きなお客には特に好評。温かいメニューにも変更可能で、より本格的な鹹豆漿に近い味わいへと変化していく。

そうめん そそそ［東京・恵比寿］

つけそうめん

【 販売期間:通年 ／ 販売価格:650円 】

そうめん専門店『そうめん そそそ』では小豆島の「手延そうめん島の光」を使用。「つけそうめん」は、400年もの歴史を誇るそうめんをオリジナルのつゆで味わうメニュー。シンプルだがそうめんの旨味を十分に味わえる内容に。小豆島そうめんは、コシが強く、なめらかな食感が特徴。冷やし麺にする場合は茹で時間は2分。茹で前で1.5束(75g)が普通盛りで､大盛り（＋110円）では2.5束（125g）に。つけつゆは、そうめんを活かすために考案されたオリジナルのつゆで、国産干し椎茸、カツオ節、たまり醤油で作る。つゆは冷やし用に少し濃い目に。薬味はねぎ、みょうが、生姜。香りが豊かになるよう麺の上に白ごまと柚子をのせている。塩やオリーブオイルも用意しており、さまざまな味が楽しめるようにしている。夏だけでなく、通年で人気があるメニューで、つけ汁にオリーブオイルを組み合せるという従来のそうめんのイメージとは異なり、新たなる魅力で味わえるというのも強み。

そうめん そそそ［東京・恵比寿］

大葉ジェノベーゼそうめん

【 販売期間：通年 ／ 販売価格：950円 】

『そうめん そそそ』は「そうめんのその先へ」というのがコンセプトで、小豆島の「手延そうめん島の光」を使用した、さまざまな創作メニューを用意。こちらは大葉を使ったスパゲティ・ジェノベーゼ風にしたメニュー。『そそそ』が営業する前にグループの一つであった、和風居酒屋屋で人気のあったメニューで、シメの麺料理として好評だったもの。女性に人気のメニューで、特にSNS映えするということでも好評だ。そうめんは、小豆島の手延そうめん「オリーブ素麺」を使用している。こちらは小豆島特産のオリーブをペーストにして生地に練り込み、サラダ油の代わりにオリーブオイルで仕上げたのがオリーブ素麺。通常のそうめんと比べ、のど越しはより爽やか。麺の上に国産の大葉と梅肉をのせ、パルメザンチーズと松の実をかける。松の実はジェノベーゼでよく使われているクルミの代用品となっていて、和の味わいをより強く出すために使用している。

そうめん そそそ［東京・恵比寿］

梅しそそうめん

【 販売期間:通年 ／ 販売価格:800円 】

「しそそうめん」を生かす、梅肉・大葉・梅干しとの構成

個性的なそうめんを多数用意している同店で、「特に尖った商品を」という狙いで考案したのが「梅しそそうめん」。小豆島の「手延そうめん島の光」に紫蘇を練り込んだ「しそそうめん」を使用している。梅肉を混ぜたつゆに紫蘇、トッピングにも梅干しを加えており、まさに梅づくしの一品だ。麺そのものに紫蘇の風味があり、麺を梅肉を混ぜたつゆにからめると口の中が酸味で溢れるので、すっぱいものを好むお客にとことん楽しんでもらえるという趣向。麺の上の梅干しはまろやかな味のもので、酸味以外にもさまざまな味わいが楽しめるといった工夫も。刻んだ大葉が麺にからませると、食感と香味のアクセントにもなる。麺全体の色合いも美しく、ビジュアルに関してもSNS映えも狙える商品で、女性に人気がある一品。容器もピンク色の麺がより強調されるように透明となっていて、一見、そうめんの料理とは思えないというのも、このメニューのインパクトになっている。

そうめん そそそ［東京・恵比寿］

サラダそうめん

【 販売期間：通年 ／ 販売価格：1050円 】

『そそそ』は既存の麺メニューにこだわらず、さまざまな食べ方にチャレンジしていて、「よりヘルシーなそうめんメニューは作れないか？」という視点で開発したのがこの「サラダそうめん」。「手延そうめん島の光」にアボカド、オリーブ、プチトマト、サニーレタス、水菜、キュウリ、パプリカにミックスビーンズ（レンズ豆、ひよこ豆、インゲン豆）といった野菜と豆を組み合わせた爽やかな一品。薬味としては貝割れ、三つ葉、みょうがを使用。つゆ代わりに、醤油ベースのドレッシングを使用しており、麺料理よりサラダを意識して考案したという。さらにメキシコ原産のチアと呼ばれる、シソ科の種「チアシード」をかけるのがポイント。チアシードは栄養価が高く、ダイエット効果でも注目されていることから、健康を意識したお客も満足できるように加えた。「手延そうめん島の光」はコシが強い麺なので、サラダともよくからみ、シャキシャキ感も堪能できる。

そうめん そそそ［東京・恵比寿］

ねばとろそうめん

【 販売期間：通年／販売価格：1050円 】

「ばくだん」とそうめんを組み合わせた夏の人気商品

「手延そうめん島の光」はツルツルとした食感に弾力があるので、山芋やオクラといった粘りの強い素材と相性がいい。「ねばとろそうめん」の発想は居酒屋の人気メニューである「ばくだん」。山芋と納豆、オクラに刺し身を混ぜた「ばくだん」を、そうめんと組み合わせた。つゆの出汁には、鹿児島・指宿産のカツオ節、伊吹イリコ、北海道産の昆布、九州産の椎茸を使用。そうめんに山芋、オクラ、刻んだいぶりがっこ、キュウリ、カツオ節、卵黄、ごま、大葉、みょうがを混ぜたものをかけ、全体に混ぜてから食べるというもの。いろいろな粘りが、淡白なそうめんにより深い味わいを与えている。刻んだいぶりがっこが粘りの中での食感のアクセントとなり、楽しめる。コンセプトは「さっぱり＋健康＋スタミナ」と、夏場にふさわしいメニューで、通年で提供している創作そうめんではあるが、実際、真夏に注文数が増えるという。

そうめん そそそ［東京・恵比寿］

しらす梅おろしそうめん

【販売期間：通年／販売価格：950円】

しらすおろしをメインにした冷やしそうめん。さっぱりとしたメニューが多い中、「しらす梅おろしそうめん」は特に爽やかな味わいが楽しめる一品。味の決め手となるしらすにはこだわり、和歌山の加太沖で採れる最上級の「山利」のしらすを使用。天然の塩で仕上げるしらすなので、旨味も良く、ふっくらとした食感が堪能できる。なめらかな歯ごたえが味わえる「手延そうめん島の光」との相性もいい。普通盛りは1.5束（75g）、大盛り（＋110円）で2.5束（125g）。しらすはカツオと昆布、イリコの入ったつゆの味との相乗効果もあり、全体的に優しく、さっぱりとした味わいに。そうめんの上には梅肉とみょうがが、大葉を。混ぜると梅のまろかやな酸味も加わり、複雑な旨味が広がっていく。開発時にしらすと合う具材をいろいろと試したところ、梅肉を麺の上に加えることで味が引き締まり、非常にバランスが良くなった。

そうめん そそそ［東京・恵比寿］

九条ネギとしらす月見そうめん

【販売期間：通年／販売価格：1000円】

コクのある風味を活かしたのが「九条ネギとしらす月見そうめん」だ。京都産の九条ねぎをよく味わえるように仕上げており、ごま油を九条ねぎの上にかけて存在感を高めている。シンプルなそうめんながらも、ごま油の香ばしさとコク、九条ねぎのさっぱりとした辛味で味わいが広がる。さらに卵黄と和歌山の「山利」のしらすもトッピングしており、食べごたえも抜群だ。「山利」は和歌山の加太沖で採れたしらすで、ふっくらとした食感が堪能できるもの。指宿産のカツオ節、伊吹イリコ、北海道産の昆布、九州産の干し椎茸を組み合わせたつゆにしらすを組み合わせると、さっぱりとした旨味も出る。「手延そうめん島の光」との相性もよく、コシのあるそうめんにごま油のコクが加わることによって食べごたえもアップする。九条ねぎをのせたラーメンのように濃厚なイメージがあるが、香りは非常に爽やかでごま油の加わったつゆは飲み干せるほど。

五代目 花山うどん 銀座店［東京・銀座］

ざる二味

【販売期間：通年／販売価格：950円】

みずみずしいひもかわを、最後まで楽しめる特製器で

同店の特徴でもあるひもかわは、銀座店ではお客の9割が注文。冷やし麺で食べるひもかわは都内ではあまり見られず、独特のスタイルで『花山うどん』の銀座店でも人気のあるメニュー。ひもかわの幅は4.5㎝～5㎝と太めに切り、すすりやすい長さに。トロみのあるつゆにも合う。こちらは醤油つゆとごまつゆと2種類が食べ比べできるセット。醤油つゆは濃口醤油をベースに。ごまつゆはごまと味噌を組み合わせたもので、濃厚な味わいに。麺は一人前300g。ひもかわの茹で時間は7～8分。「もっちりとしたコシ」を重視しており、冷やしでもその弾力が味わえるようになっている。ひもかわは時間が経つと麺がくっつきやすいので、ひもかわ専用のオリジナル容器に盛る。真ん中にざるが敷かれており、その周りに出汁が流れる構造で、始めは中央のざるからとり、その後に周りの麺を食べると、最後までみずみずしいひもかわが楽しめるという仕組み。

五代目 花山うどん 銀座店［東京・銀座］

鬼釜（上州麦豚使用）

【 販売期間：通年 ／ 販売価格：1100円 】

同店でも人気No.1のメニューで、うどん日本一を決める大会「うどん天下一決定戦」で3連覇した自慢の一品。同店のひもかわは生地を乾燥させた後、生麺に戻し、また乾燥させるということを繰り返す「バニッシュループ製法」と呼ばれる製法で、コシをより強くしている。麺は一人前300gで、大盛りだと400g（100円増し）。つゆは濃口醤油とみりん、砂糖などを合わせ、甘じょっぱい濃い目の味わいに。その濃い目のつゆが、ひもかわのモチモチした食感に旨味をのせる。トッピングは温泉玉子と上州麦豚のバラ肉、かまぼこ、海苔、ねぎ。最初は何もつけずにひもかわを食べて麺の甘みを味わい、次に具材を混ぜ、味を濃くしていき、最後は別皿の本わさびを入れてピリッとした辛味をからませるのが、店の提唱する食べ方。同店はおとぎ話の『分福茶釜』のゆかりの地である館林市に本店があるため、たぬき型の容器で提供している。

五代目 花山うどん 銀座店［東京・銀座］

鶏だし南極カレーつけ

【販売期間：通年／販売価格：1350円】

ひもかわは、さっぱり風味のものが多いが、こちらはカレーによる食べごたえもプラスした一品。ひもかわは一人前300gで、大盛りは400gで100円増し。乾燥と熟成を繰り返す「バニッシュループ製法」で作りあげたうどんはコシがあり、モチモチ食感。群馬の工場から生麺を直送しているので、小麦の風味がしっかりと味わえる。カレーはまろかやな和風カレーをコンセプトにしており、人参やねぎ、群馬県産などの地鶏のムネ肉と煮込む。『花山うどん』の基本のつゆをベースにしており、濃口醤油の旨味がカレー全体に染み渡っている。地鶏は肉の赤身部分が多いのが特徴で、カレーに旨味を加えるという役割をしている。本店のある館林は『分福茶釜』ゆかりの寺があることから、カレーが入っている容器はたぬき型の可愛らしいデザインに。こちらはひもかわだけではなく、うどんに変更することも可能。

五代目 花山うどん 銀座店［東京・銀座］

舞茸天のおろしぶっかけ

【販売期間：通年／販売価格：1300円】

本店が群馬にあることから名産である舞茸を楽しんでほしいと開発した。大きな舞茸の天ぷらが目を引き、冷やしメニューの中でも非常に人気がある。舞茸は同店用に栽培を依頼。水分を少なくして栽培し、さっくりとした食感と濃厚な旨味が味わえる、天ぷらに適した舞茸だ。このメニューはうどんとひもかわの両方から選択可能。ひもかわの幅は、すすりやすさを考えた4.5㎝～5㎝の幅に。熟成を重ねたひもかわは、特に天ぷらのサクサクとした濃厚な味わいによって、独自の旨味が引き締まるので非常に相性が良い。トッピングは花ガツオ、ねぎ、海苔、大根おろし。つゆは濃口醤油をベースにしたもの。こちらは天ぷら入りのぶっかけスタイルということで、カツオ出汁などでコクを加えている。これは舞茸の天ぷらのつけ汁としても利用可能で、徐々に麺と混ぜていくことによって味変できるというのも食べ方の楽しみ方に。

五代目 花山うどん 銀座店［東京・銀座］

野沢菜昆布の冷おろし

【販売期間：通年／販売価格：890円】

群馬県の館林に本店を持つ『花山うどん』は県内の食材をメインにした商品が多いが、こちらは長野名産の野沢菜を使った異色のメニュー。「花山うどん」のポリシーは「余計なことをしない。その土地の素材を活かすこと」。4代目の店主の出身地が長野であることから、長野名物の野沢菜の漬物を活用。野沢菜と昆布を混ぜた「野沢菜昆布」をうどんとからめ、食感が楽しめる品にした。冷やし麺ということで、野沢菜昆布の粘りも活かすことができ、さっぱりとした食べごたえ。伝統のうどんとひもかわから選択可能に。うどんは、群馬県産の小麦粉と軟水で捏ね、モッチリとしたコシの強さにこだわっている。ひもかわは幅が4.5㎝～5㎝で、そのツルツルとした食感は野沢菜昆布と相性も良い。トッピングはかまぼこと海苔、大根おろし。つゆは、醤油ベースの『花山うどん』オリジナルのつゆで、麺全体にコクと旨味を与えている。

銀座うらら［東京・銀座］

梅ざるおうどん

【販売期間：通年／販売価格：1012円】

関東風の讃岐うどんが特徴の『銀座うらら』。50種類もメニューがある中で、「梅ざるおうどん」は、通年で提供しており、開業当初から女性に人気が高い品。麺の上の紀州産南高梅が主役。そのふくよかな香り、まろやかな甘さがつゆ全体に染み渡る。つゆの中に混ぜるための梅干しなので香り豊かな南高梅を選んだ。すりごまも付け、梅の風味にごまの香ばしさを加わるとさらに味が深くなる。氷をざるの上にまぶすという盛り付けで、見た目にも涼しい。うどんはバランスを重視してモチモチ食感が楽しめるように弾力を強めにした麺。冷やしでは15分茹でて氷水でしめる。麺の量は1玉（200g）、2玉（300g）、3玉（400g）から選択可能。つけ汁は、昆布や5種類のカツオ節を使用した出汁に醤油を合わせ、関東風のコクがあるつゆに。最初はそのまま味わい、次に梅を入れて香りを満喫し、最後にすりごまをいれ、コクを加えることもでき、一品で多くのつゆの味わいが楽しめるのも特徴。

銀座うらら［東京・銀座］

ぶっかけ
サラダおうどん

【 販売期間：通年 ／ 販売価格：1034円 】

「ぶっかけサラダおうどん」は同店のぶっかけうどんメニューの中でもヘルシーで女性人気が高い。トッピングは温泉玉子、海苔、しらす（時期によってはちりめんじゃこ）、パプリカ、サニーレタス、グリーンカール、人参、トマト。野菜たっぷりで、麺と野菜をからませて食べてもらうという趣向。モチモチとした食感のうどんと、シャキシャキの野菜とで、噛むごとに食感が広がるのが楽しめるメニューだ。一般的なサラダうどんとは違い、どちらかというとサラダのトッピングを加えたうどんというイメージ。めんつゆの中に隠し味程度にごま油を入れ、麺の上にかけると全体に香ばしさが加わり、和風ドレッシングのような味わいに。そこに温泉玉子を混ぜるとヘルシーさの中にも食べごたえが生まれるという独特の味わい。途中で別皿で盛られているすりごまを入れると、香ばしさが出て、ごま風味のサラダうどんへと変わるという味変も楽しめる。

銀座うらら［東京・銀座］

スパイシー冷やしカレーぶっかけおうどん

【販売期間：通年／販売価格：1309円】

同店では、カレーうどんは非常に人気があり、酒を飲んだシメに注文する客も多いという。それを冷やし麺としてアレンジした。通常のカレーは牛バラ肉と玉ねぎ、人参をカツオ出汁と合わせて煮込むが、冷やし用のカレーにはガラムマサラなどを加えて香り立つように煮込んだもの。わざわざ冷やしカレー用にルーを別で作るというほどにこだわっている。冷たいカレーのつけ汁なので、味がぼやけないようにスパイシーな香りを足した。トッピングとしては、温泉玉子、豚挽き肉をカレー粉で炒めたもの、ねぎ、天かす。ぶっかけスタイルなので、豚挽き肉の食べごたえと天かすの食感を合わせた。温泉玉子、スパイシーな冷やしカレー、モチモチのうどんが混ざることで全体のバランスがとれ、辛さが抑えられるので、辛いのが苦手な人でも楽しめる。うどんを食べ終わった後は、挽き肉などの具材が残るので、別にご飯を注文してキーマカレーのように食べる楽しみ方も追加できる。

銀座うらら［東京・銀座］

かぼちゃと野菜のかき揚げぶっかけおうどん

【 販売期間：2021年8・9月（不定期）／販売価格：1320円 】

月替わりの限定メニューの中で、常連客にも人気のあるのが、この「かぼちゃと野菜のかき揚げぶっかけおうどん」。人参と玉ねぎ、三つ葉のかき揚げの上に、かぼちゃの天ぷらが4つものる。常連のリクエストから生まれたメニューで、揚げ物好きの男性客からも好評。ボリュームが最大の特徴だ。揚げ物が多くのっているため、つゆが足らなくならないよう、通常のぶっかけメニューで用意している器より大きい器につゆを入れて出す。揚げたての天ぷらをのせているので、最初はつゆを少なめにかけて、天ぷらを少しずつ食べ、その後、つゆをすべてかけ、かき揚げを崩すのが店の推奨する食べ方。最終的には天ぷらが混ざった食べごたえのあるぶっかけうどんへと変化するという仕組み。トッピングの大根おろしは、天ぷらのつゆの薬味の役割もする。天ぷらとうどんをとことん楽しんでもらうというのがコンセプトだ。

銀座うらら［東京・銀座］

意外と本格的！
うどん屋さんの冷やし中華

【販売期間：2019年7・8月／販売価格：1518円】

夏といえば冷やし中華というイメージがあるため、真夏用に開発したチャレンジメニュー。冷やし中華風にうどんをアレンジしており、ハム、キュウリ、錦糸玉子、トマト、紅生姜、茹でたエビをのせ、冷やし中華風のトッピングに統一。つゆも冷やし中華風の甘酢ダレを意識し、昆布とカツオの出汁に醤油を合わせたつゆに、米酢やごま油、砂糖などを加えた。メニュー名は「意外と本格的！」とはなっているが、味わいはまさに冷やし中華そのもの。全体的にごま油の風味が強いものの、和風の爽やかさもあり、和食と中華の好いとこ取りのつゆとなっている。和辛子を別皿で付け、冷やし中華のようにつゆに混ぜて辛さを調整できるように。辛味がほしい時に味のアクセントにもなる。すりごまもセットにして、ごま風味の冷やし中華風うどんに味変して楽しむこともできる。実験的に提供しているメニューであり、具材の特殊さから提供しない年もある。

全粒粉生うどん 手練れ 新宿御苑店［東京・新宿］

明太温玉油うどん

【 販売期間：通年 ／ 販売価格：980円 】

同店は、太麺で歯ごたえのある自家製うどんに自信があり、これを活かすため、麺が主役となる油そばスタイルで提供する「油うどん」を開発。麺は、香川県オリジナル小麦粉「さぬきの夢」を使っており、しっかりと熟成させることで、弾力があり、なめらかな食感の麺に仕上がる。麺の旨味が強く、まずはタレと混ぜずにそのまま食べることを勧めている。醤油ベースの自家製ダレと油を加え、麺と合わせるのが基本の油うどん。「明太温玉油うどん」は一番人気で、油うどんの上に明太子が一腹のる豪快な一品。明太子と温玉が全体的に麺とタレによくからみ、濃厚な味わいを楽しめる。卓上にはラー油とリンゴ酢が用意されており、ラー油は辛味を、リンゴ酢では柑橘系の風味が加わるのが特徴。同店のうどんメニューには、白米ともち麦飯を濃口醤油と薄口醤油で炊いた「もち麦飯」がセットになっており、余ったタレとからめるのがおすすめの食べ方だ。

全粒粉生うどん 手練れ 新宿御苑店［東京・新宿］

爆盛りチャーシュー油うどん

【販売期間：通年／販売価格：1250円】

1人前200gのチャーシューは、低温調理でうどんとの相性抜群

ボリュームを求める男性客が注文するのが「爆盛りチャーシュー油うどん」。豚肩ロースのチャーシューを丼の縁に沿わせて豪快に盛ったビジュアルはインパクトが強い。チャーシューは1人前なんと200g。醤油などの調味料を煮汁と混ぜながら低温調理でじっくりと火入れした自家製チャーシューは、うどんとも馴染むあっさり風味が特徴で、自家製麺との相性も抜群だ。もっとボリュームを求める男性客には、さらにチャーシューを追加トッピングするお客もいるほど。

トッピングは刻み海苔、ねぎ、メンマ、万能ねぎ、ごま油、辛口の鶏せせり肉のフライ。特に、辛口の鶏せせり肉のフライは同店のオリジナルのトッピングで個性的だ。全体にまぶしたカツオ粉末がアクセントとなり、麺そのものの旨味を引き立てる。麺とのセットとなっている「もち麦飯」を使用し、一部のチャーシューをのせてミニチャーシュー丼として楽しむことも可能。

全粒粉生うどん 手練れ 新宿御苑店［東京・新宿］

辛痺れざる油うどん

【販売期間：通年／販売価格：890円】

つけ麺スタイルで食べるのが「ざる油うどん」。その中でも最も人気のあるメニューが「辛痺れざる油うどん」だ。小麦本来の旨味を味わえる、モチモチ食感のうどんは、つけ麺にしてもよく合う。並盛りで260g。麺の上にまぶした炒りごまが、豊かな麺の風味を引き立てる。つけダレは、醤油をはじめとした調味料を熟成させて作るかえしに、カツオと昆布の出汁を合わせたもの。系列店の『てけてけ』に置いてある「びんたの素」と呼ばれるオリジナルの辛口ペーストをのせており、辛さを求めるお客にも人気が高い。最初はそのまま食べ、次にペーストを入れて辛味を加えてから、レモンをしぼり、さっぱり風味を味わうのがおすすめの食べ方。その後、つゆに生卵を溶いて濃厚な味を楽しむという。いくつもの味変を楽しめるのも油うどんの魅力だ。「もち麦飯」もセットになっているので、麦飯で追い飯風にして味わうということも可能。

人気の
冷やし麺

そば

京都鴨そば専門店 浹（あまね）［東京・日本橋］

冷やし鴨南蛮

【 販売期間：通年 ／販売価格：1100円 】

同店は、兵庫県出身のオーナーが「関西の本格的な出汁とつゆを東京でも味わえるように」と開業。兵庫・夙川駅近くのそば・うどんの評判店『八雲』の味を継いだ出汁つゆだ。その風味を活かすため、そばは主張しすぎない穏やかな風味のそば粉を厳選している。大盛りはプラス110円。出汁は北海道産の真昆布にカツオやサバなど数種の削り節を使用。軟水器で京都の硬度に合わせた水で煮出し、淡口醤油と合わせている。毎朝、丁寧に取るふくよかな出汁の味わいは、東京に住む関西出身者からも支持を集めており、看板商品の「鴨そば」はお客の7割が注文する人気商品だ。鴨そばを冷やしにして楽しめるが「冷やし鴨南蛮」で、こちらは夏の売れ筋。サッと煮た九条ねぎや大根おろし、貝割れ大根などの他、低温調理でやわらかく仕上げた自家製鴨ハムに、出汁つゆで作ったジュレでさっぱりとした味わいにする。

green glass［東京・上落合］

二産地の食べ比べ

【 販売期間:通年 ／ 販売価格:1500円 】

開業当初から店に製粉機を置き、自家製粉を開始。朝に挽いて手打ちし、その日のうちに提供する。そばは丸抜きを使用。いまはほぼ農家からの直接仕入れで、北海道から九州まで20軒弱の農家と付き合いがある。色々な産地のそばを紹介したいと、一軒あたりから仕入れるのは多くても10kgほど。輸送状態も様々で、受け取ってから自身で小分けにし、真空パックにして穀物倉庫で保管をしている。つゆは温かい状態のだしと醤油、みりん、煮切り酒を合わせて密封したものをもり汁として使用。かけ汁や冷やかけ用はかえしを作り、提供直前に出汁と合わせる。出汁はカツオ節とサバ節をベース。

「二産地の食べ比べ」は異なる産地のそばを食べ比べできるセット。産地はその時々で変わり、取材時は栃木・益子産の「常陸秋そば」（写真左）と山口・萩の「会津のかおり」。麺は1人前150g。

国分寺そば［神奈川・海老名］

天せいろ

【 販売期間:通年 ／販売価格:1760円 】

歴史公園として整備されている史跡・相模国分寺跡に隣接した、風格あるそば店。同店は、そばの乾麺屋として1956年に創業し、1967年にそば店に転換した。乾麺屋時代にロール式製粉機を導入していて、開業時より麺は自家製粉・自家製麺している。

1980年に現店主・市川雅史氏が二代目を継ぎ、お客が求めるそばを研究し、自店のそばをバージョンアップさせてきた。現在は石臼式製粉機のみで製粉を行なう。それぞれ異なるタイプの粉を挽き分け、ブレンドして使うことで、のどごしがよく、かつ香りや味わいのあるそばを作り出している。目指すそばは、あくまで自店の幅広い客層に合わせた、“万人受けする”そば。

「天せいろ」はせいろと、エビ2尾と季節の野菜の天ぷらを組み合わせた一番人気商品。衣にコーンスターチを加えてさっくり仕上げるなど、天ぷらにも力を入れている。麺は一人前150g。

国分寺そば［神奈川・海老名］

冷かけ炙り鴨ローストそば

【販売期間:7～10月ごろに1ヶ月のみの期間限定／販売価格:1650円】

同店では店主の自信作の鴨ローストがおすすめで、それをそばと一緒に楽しんでもらいたいと開発。冷かけそばは通常メニューにはなかったため、夏から秋にかけてさっぱりと食べることができる創作そばとして試行錯誤した。低温調理の鴨のローストに、カツオ節とソウダ節で出汁をとった冷かけそばを合わせたら相性がとても良かったため採用。盛り付けは冷かけということでガラス皿を使用し、見た目も爽やかに。麺は、水回しや圧延、打ち粉の打ち方まで様々な要素を何度も見直し、可能な限り手打ちに近い味わいを目指して改良を重ねたもの。麺の量は1人前150g。トッピングは、鴨ローストの他は、ねぎ、豆苗、オリーブオイル。味のアクセントとして黒胡椒とレモンを添えて提供する。レモンを渋るとつゆ全体がさっぱりとした風味になり、麺も軽やかな味わいへと変化。柚子胡椒を加えると柑橘系のピリッとした辛味が広がるので、途中で味変を楽しむという食べ方も推奨している。

国分寺そば［神奈川・海老名］

トマトそば

【販売期間:6 ～7月／販売価格:1320円】

季節の変わりそばとして6、7月に提供している「トマトそば」。同店では通常月替わりで創作系のそばを提供しているが、あまりに人気が高いため毎年2ヶ月続きで提供し、女性ファンを中心に人気を掴んでいる。イタリアンのトマトパスタの麺をそばに変えたイメージで、麺は自家製粉のそば粉で打つ二八そば。トマトソースにはそば用のもり汁を使うことで味わいを引き締め、そばとの相性を高めている。イタリアンのトマトソースの作り方で作る濃厚な味わいのトマトソースをつゆに合わせ、刻んだ生トマトをトッピングに使用。トマトソースの濃厚な旨み、フレッシュトマトの酸味と甘味などが複雑にからみ合い、奥深い味わいを作り出す。麺は1人前150g。茹でて冷水でしめた後に器に盛り付け、もり汁とトマトソースをかけ、細かく刻んだ生のトマト、温泉卵、フライドオニオン、刻んだ大葉をトッピング。好みに応じて味を変化させられるように、トマトソースとも相性のよい黒七味を添える。

国分寺そば［神奈川・海老名］

冷やし湯葉そば

【 販売期間：通年 ／ 販売価格：1320円 】

とろとろの「とろ湯葉」、やや固めながらほどよくとろける「刺身湯葉」、衣をつけて揚げてサクサクした食感に仕上げた「板湯葉」という、3種類の湯葉を使った湯葉づくしのそば。さらに赤や黄色、緑の天然色素を使用した乾燥湯葉をトッピング。湯葉やそばが映えるようにと選んだゴールドの器に盛り付け、華やかな見映えでお客を魅了する。同店は“豆腐と湯葉の店”として、自家製豆腐や湯葉を使った料理を提供し差別化を図ってきた。そばにも湯葉を使った名物料理をと、5、6年前に開発。女性客を中心に人気を集めている。麺は自家製粉のそば粉で打つ二八そばで、1人前150g。茹でて冷水でしめた後、器に盛り込み、「とろ湯葉」、「刺身湯葉」、揚げた「板湯葉」をトッピングし、豆苗や乾燥湯葉を飾る。つゆはもり汁を添えて提供し、そばや具材をつけて食べてもらう。最後は残った湯葉をもり汁に加えてそば湯を注ぎ、まろやかな味わいになったところを飲み干すのがおすすめの食べ方。

武蔵境増田屋 蕎麦処ささい［東京・武蔵境］

海老天おろしそば

【販売期間：通年／販売価格：1320円】

地元客中心に連日賑わっている『武蔵境増田屋 蕎麦処ささい』。同店では、麺の用途やお客の求める要素を考慮しつつ、3種類のそばとうどんを打ち分けている。手打ちそばは1日20食限定で、メインとなるのは店売り用の機械打ちそばで、自家製粉した国産と海外産のそば粉を7.5対2.5でブレンド。1人前190g。機械打ちのそばでは、丸抜きにする際に砕けてしまい、端などが欠けてしまったそばを一部使用。味わいはそれほど変わらず価格が手頃なため、導入後国産そば粉の含有量を3割から4割へ高めることができた。機械打ちそばで作るメニューは豊富で、特に種物やぶっかけなどが人気。その中でも「海老天おろしそば」は26—30サイズのエビ天が3本と、大根おろしやワカメをのせたボリューム感が溢れるメニュー。つゆは、先代の味をベースに、現代のお客に合わせて少し甘さを控えめに。カツオ節は店で毎日削るなど、おいしさのための手間は守り続けている。

つけ蕎麦角屋SUMIYA［東京・新宿］

冷やし肉蕎麦

【 販売期間:6 ～9月 ／ 販売価格:830円 】

そば

『つけ蕎麦角屋SUMIYA』はつけそばをメインに創作そばも何品か考案。夏季はぶっかけスタイルの冷やし麺を提供しており、「冷やし肉蕎麦」は毎夏の定番で、冷やしメニューで最も人気の高い一品。同店のそばは挽きぐるみで打っているので、麺の色が黒っぽいのが特徴。そば粉と小麦粉の割合は6対4で、そばらしい歯ごたえを重視している。茹で時間は1分30秒で、季節によって10秒位前後にずらすことも。ランチタイムに提供しているので、近隣に勤めるサラリーマン客も多く、麺の量は一人前320gと多めに。大盛りは480g。冷やし用のかえしは濃口醤油とみりん、2種類の砂糖を使った甘めのものを使用しており、カツオ節などの出汁を合わせず、そばそのものの味をダイレクトに楽しんでもらうようにしている。全体的にさっぱり風味を重視。トッピングは湯通しした豚バラ肉、揚げナス、ししとう、特製ラー油、ねぎ、刻み海苔。特製ラー油はねぎ、生姜、ニンニク、唐辛子で作る香味が特徴。

つけ蕎麦角屋SUMIYA［東京・新宿］

冷やしカレー蕎麦

【販売期間:6 ～9月／販売価格:880円】

専用のカレーと合わせる、エスニック風味の冷やし

同店で人気のあるカレーつけそばをアレンジした品。「冷しカレー蕎麦」は冷やしでカレーとそばを両方を味わえるようにと創作。

冷やし用のカレーは人気のカレーつけそばのカレーを使用せず、別に冷やし専用にわざわざ煮込んでいる。カレールーは、大山鶏の鶏ガラを生姜とねぎで2～3日じっくり炊いたスープをベースに6種類のスパイス、玉ねぎ、人参、セロリ、トマトなどの香味野菜で煮込んだカレーを冷やしたもの。冷やし用なので油は少なめに、動物性の素材は使わないようにしている。それに濃口醤油とみりん、2種類の砂糖を使った甘めのかえしを合わせる。挽きぐるみを入れたそばは一人前320gとボリューム抜群。トッピングは豚バラのしゃぶしゃぶ、レモン、パクチー、ナッツ、糸唐辛子、オリーブ油、ブラックペッパー。和風カレーというよりも、エスニック風味が強い一品となっている。

つけ蕎麦角屋SUMIYA［東京・新宿］

冷やしマーボー豆腐

【販売期間：6～9月／販売価格：880円】

同店は、創作そばを定期的に出している。その中でも2021年に始めた新商品がこの「冷やしマーボー豆腐」。豆腐をのせるそばをヒントに「そばに麻婆豆腐をのせたらおいしいのでは？」と閃いて考案したという。四川料理の麻婆豆腐というよりも豆腐＋肉味噌といった内容で、そばとの相性を高めた。肉味噌は合挽き肉に豆板醤と甜麺醤を混ぜ合わせたもの。それを豆腐にのせ、さらにラー油を調合する際に残ったねぎと生姜をかけて香り付けする。基本のかえしは、濃口醤油とみりん、2種類の砂糖を使ったもの。そばは歯ごたえを重視しており、挽きぐるみを入れている。豆腐を半丁のせてボリュームを出すため、麺は160gに調整。トッピングはもやし、ブロッコリー、ナッツ、特製ラー油、糸唐辛子、ブラックペッパー。食べ方としては豆腐を少しずつ崩しながら味変する。ピリ辛風味だが、まろやかな豆腐と組み合わせることによって辛みは和らぐ。

翁庵そば店［東京・神楽坂］

冷やしかつそば

【販売期間:通年／販売価格:900円】

明治17年創業。最も人気があるのが「かつそば」だ。同店を代表するメニューで、40年以上も愛されている。これを目当てに訪れるファンも多い。近隣の学生に向け、そばとかつ丼の両方をリーズナブルに味わえることから定番メニューに。とんかつは精肉店でかつそば専門のとんかつとして注文する。つゆが濁らない厚みと衣の量のとんかつで、そばの味わいを邪魔しないとんかつに仕上げる。カツオ節が主軸の出汁と濃口醤油のつゆも、とんかつによく合う。かつそばが人気があるが、他にもかつ丼やかつ煮とライスといったメニューにも応用している。

冷やしでは、つゆをとんかつの上からかけるので、揚げた衣とつゆが混ざり、つゆに独特の旨味が加味される。学生が多い立地なので、麺は並でも350gと多めに。茹で時間は1分半ほど。ねぎとわさびの薬味が添えられており、味わいを調整できるようになっている。冷やしであってもそば湯をかけることを推奨していて、最後までつゆを楽しめる。

翁庵そば店［東京・神楽坂］

冷やし丸天そば

【販売期間：通年／販売価格：850円】

同店では、レギュラーメニューの12品は冬期でも冷やしで注文できるほど、冷やしメニューは人気がある。明治17年創業の老舗ながら、常に新しいメニューも挑戦し、「丸天そば」もその一つ。

丸天とは、いわゆるさつま揚げ。九州ではうどんにのせることが多いが、「揚げ物と相性の良いそばでも合うのではないか？」と15年ほど前に考案。『翁庵』のそばつゆは、カツオ節が主軸の出汁と濃口醤油のつゆで、冷やしで丸天と合わせると、丸天のタンパクな味わいに旨味がのる。他に小松菜とねぎ、わさびを添える。丸天は九州から取り寄せ、ボリュームもあって、あっさり風味に仕上げたものをわざわざ選んだ。

学生客が多いので、麺は並でも350gとボリュームたっぷり。ぶっかけスタイルだが、そば湯も添えて、最後までつゆを楽しめるようにしている。

人気の
冷やし麺

韓国冷麺
盛岡冷麺

冷麺ダイニング つるしこ 自由が丘店［東京・自由が丘］

盛岡冷麺

【販売期間：通年／販売価格：1200円】

もっちりとした麺が特徴の「盛岡冷麺」。国産小麦粉と馬鈴薯澱粉を3対7くらいの割合で練り上げている。一般的に盛岡冷麺は生地に圧力をかけて押し出すが、同店の麺は圧力をかけすぎないようにし、モチモチの生麺の食感を保つように切り分け、歯ごたえもある。スープは国産の牛骨と牛スネをメインにして炊き、隠し味に鶏肉とカツオ節を合わせる。てんさい糖でまろやかな甘みもつけている。スープは10時間ほど煮込んだ後、脂分をとって袋詰めにし、岩手県岩泉町の自社工場から搬送。

他店の盛岡冷麺との違いはトッピングのほぐし牛肉。醤油と日本酒、野菜で煮込んだ牛チャーシューを甘く味付けして、手でほぐし、麺ともよくからむようにしている。キムチ、ねぎ、ゆで玉子、てんさい糖と酢で漬けたキュウリをのせる。スープの甘みとキムチの辛味のバランスにもこだわっている。

冷麺ダイニング つるしこ 自由が丘店［東京・自由が丘］

トマトバジル冷麺

【 販売期間：通年 ／ 販売価格：1380円 】

『冷麺ダイニングつるしこ』では「東京冷麺」もうたっている。「東京冷麺」とは、盛岡出身の店主が2017年に盛岡冷麺をベースに自由な発想とアレンジで作り上げたもの。ヘルシーな「マクロビ冷麺」として始め、2018年には外国旅行者を中心に人気が出た。

「トマトバジル冷麺」はビジュアルも美しく、東京冷麺の中でも一番人気。ターゲットは30代女性でパスタを意識したもの。ねぎ、玉ねぎ、人参、ニンニク、セロリなどを炊いて出汁をとり、岩手産大豆の豆乳を混ぜてコクをプラス。味のアクセントは生トマト、ドライトマト、セミドライトマトに唐辛子とバジルを混ぜた、トマト風味の肉味噌。モチモチ食感の盛岡冷麺の麺との相性はいい。豆乳のスープの中に徐々にトマトの酸味が合わさっていくようになっていて、豊かな風味が広がる。トッピングはズッキーニ、オリーブ、生トマト、バジルペースト、レンコン。

冷麺ダイニング つるしこ 自由が丘店［東京・自由が丘］

アボカド冷麺

【 販売期間：通年 ／ 販売価格：1380円 】

店主が東京冷麺でおすすめしているのがアボカドと、豆腐クリームとの組み合わせ。ねぎ、玉ねぎ、人参、ニンニク、セロリなどを加えた豆乳スープがベースになっており、岩手県岩泉町から仕入れる冷麺の上にアボカドとチーズ風豆腐クリーム（豆腐、味噌、粒マスタード、オリーブオイル、ワインビネガー、レモンを混ぜたもの）をのせている。
モチモチ食感の冷麺と、豆腐クリームとアボカドの濃厚な旨味が非常にマッチする。アボカドと豆腐クリームを徐々に崩しながら混ぜていくと、濃厚な旨味あふれるスープに味変。かつてはカッテージチーズなども合わせたことがあるが、豆腐が溶けることによりナチュラルな旨味が出ることから、現在は豆腐に変更したという。他にトッピングはブラックペッパー、トリュフオイル、ケッパー、パプリカ、イタリアンパセリ、ミニトマト、レンコンをのせている。

冷麺ダイニング つるしこ 自由が丘店［東京・自由が丘］

カレー冷麺

【 販売期間：通年 ／ 販売価格：1380円 】

『冷麺ダイニング つるしこ』で提唱する「東京冷麺」は、基本は豆乳ベースの冷やしスープを利用している。温かい豆乳スープとカレーを一緒に味わう「カレー温麺」も人気が高いが、「カレー冷麺」は豆乳が苦手な人におすすめできるメニュー。

カレーソルトとカレーペーストをからめたカレー風味の冷麺で、豆乳のコクは感じるものの、カレーの香りと旨味を全面に押し出し、香りの余韻も楽しめるメニューとなっている。豆乳と交わることで生まれるまろやかな辛さも特徴。味の決め手となるカレーソルトはカレーと塩の割合が1対1。カレーペーストは香辛料を7 ～ 8種類ほど混ぜてから、ソイミートも加え、麺とからめると食べごたえもアップ。トッピングは茹でたブロッコリー、とうもろこし、人参、かぼちゃ、ナス、プチトマト、パプリカ。野菜はそれぞれ茹で時間を変え、どれもシャキシャキでちょうどよい食感にして盛り付ける。

韓国冷麺・盛岡冷麺

ぴょんぴょん舎 GINZA UNA［東京・銀座］

盛岡冷麺

【販売期間：通年／販売価格：1100円】

90%以上のお客が注文する看板メニュー。食べ始めは牛骨スープのあっさりとした旨味を楽しみ、徐々にキムチを混ぜて味を調節するのが盛岡流。小麦粉と澱粉で作る麺は、店内の製麺機で注文ごとに押し出して作り、すぐに茹でる。麺の生地は練りたてにこだわり、コシと弾力があって食べごたえもある。麺は200gで約3分茹でる。大は300gで、ハーフは100g。麺からトッピングまで素材はすべて岩手県から仕入れる。トッピングはゆで玉子、キュウリ、ごま、フルーツ。スープに入れるフルーツは夏はスイカで、それ以外の時期は梨。キムチは冷麺のスープに馴染む用に開発していて、大根とキャベツだけを漬けたものを。

おすすめの食べ方としては、焼肉と一緒に食べることだという。盛岡では焼肉と一緒に食べるのが定番で、牛骨スープの旨味が焼肉に引き立つようになっている。同店では、国産牛のカルビとロースなどの焼肉メニューも充実。

ぴょんぴょん舎 GINZA UNA［東京・銀座］

桑の葉冷麺

【販売期間:通年／販売価格:1100円】

ヘルシーさと独特の風味が人気を呼ぶ、桑の葉の冷麺

『ぴょんぴょん舎 GINZA UNA』の本店がある盛岡では、桑の葉を使ったメニューを飲食店が出しているので、同店でも桑の葉を使った商品を扱っている。麺は、桑の葉を乾燥させて粉末にしたものに、小麦粉と澱粉を入れて冷麺風に仕上げたもの。1.5㎝と通常の冷麺よりも細く、そばのような感覚で食べることができる。細麺のため、180gで3分弱茹でる。トッピングは鶏ムネ肉、錦糸玉子、塩漬けした大根とキュウリ、梨のせん切り、ごま。スープは牛骨を半日ほど炊いたもの。細めの麺と合わさると、桑の葉の風味が漂い、スープの味わいは濃く感じる。最初は具材を脇に避けて麺をほぐし、別々に食べると麺の風味を感じやすいという。別皿のキムチは大根とキュウリを使用した同店のオリジナルのキムチとなっていて、口直しとして食べることを推奨している。桑の葉には老化防止の効果もあり、評判はいい。

ぴょんぴょん舎 GINZA UNA［東京・銀座］

センナムル冷麺

【販売期間:通年／販売価格:1100円】

看板メニューの盛岡冷麺をベースに、サラダ風にした一品。「センナムル」は、韓国で人気の生野菜たっぷりのサラダのことで、ヘルシー感があり、女性に人気も高い。野菜はサンチュ、サニーレタス、トマト、キュウリ、パプリカ、白髪ねぎ、万能ねぎ。野菜はすべて岩手県の契約農家から直送してもらっている。
牛骨を炊いたコラーゲンたっぷりのスープに、唐辛子と油で作る韓国調味料「タテギ」を混ぜ、そこに麺を加えてピリ辛風味に。野菜の上には唐辛子やごまなど18種類を混ぜたスパイスを効かせた、醤油とレモン風味の韓国風ドレッシングを混ぜる。注文ごとに製麺機で押し出した麺をすぐ茹でて食感のいい麺に。少しずつ麺と野菜を混ぜていくと、ピリ辛風味になり、牛骨スープの旨味も出てくる。サラダのようにさっぱりとした感覚で楽しめる冷麺なので、麺は一人前150gもあるが、食べやすい。

ぴょんぴょん舎 GINZA UNA［東京・銀座］

ピビン冷麺

【 販売期間：通年 ／ 販売価格：1100円 】

スパイスの効いた辛さが特徴で、辛いもの好きの女性客に人気がある品。同店では盛岡冷麺が一番の売れ筋だが、さっぱり風味であるため、メニューのオプションとして辛さを求めるお客に向けて開発したもの。通常の盛岡冷麺は太麺だが、こちらは麺にソースがからむように1㎝の細麺で、茹で時間も1分弱と短め。ピビン冷麺用に開発した甘辛ソースは、玉ねぎを中心に香味野菜を8種類混ぜ、熟成発酵させ、コチュジャン、ヤンニョム、自社で栽培した唐辛子などで味付けする。野菜の旨味が強く、最初は甘く感じるものの、じわじわと辛味が広がっていく。トッピングは塩漬けした大根とキュウリ、梨のせん切り、牛チャーシュー、ゆで卵。

おすすめは、最初は麺とソースだけをからませ、ソースの味を楽しみ、その後で大根やキュウリなどを味わうという食べ方。全体的に辛味が強いので、スタッフから辛味をやわらげられるようなコツも教えてくれる。塩味の牛骨スープもセットに。

浅草焼肉 たん鬼［東京・浅草］

すだち冷麺

【販売期間:通年／販売価格:1300円】

自家製熟成タンを看板商品に掲げる『浅草焼肉 たん鬼』。老舗焼肉店が多い土地柄を考慮し、自店で熟成させた「熟成たん」や、スライス肉をあふれんばかりに並べた華やかな「鬼く丼（ランチ限定）」など、キャッチーな商品を揃えている。

焼肉のシメとして女性に人気なのが「すだち冷麺」。多い日は10食出る。同店の麺はじゃが芋の澱粉を使用した太麺の盛岡冷麺。一人前150gと食べごたえも抜群。茹で時間は1分。牛骨スープは牛骨と数種類の野菜を炊いて濃厚な旨味のあるスープにしている。すだちは、一人前で2個分スライスして盛り付ける。また、スープに少しだけ酢を混ぜ、すだち独特のすっきりとした味わいが引き立つようにしている。細かく切った大葉は、途中で投入することで、爽やか風味が増す。そして、すだちが規則的に並べられたビジュアルも美しく、SNS映えを求める女性客にも喜ばれている。

やきにく3姉妹［兵庫・神戸］

辛冷めん

【販売期間:通年／販売価格:790円】

和食で経験を積んだ八木 健二郎氏による、盛り付けや味付けで評判の焼肉店。店内はイラストを入れた看板や黄色を基調にした独特の世界観を演出しており、女性を中心にSNSなどで集客している。特にシメのメニューとして女性に人気を集めているのが「辛冷めん」。店は元立ち食い焼肉店を居抜きで利用しているため、一人客の利用も多く、1日7～8品ほど出る。

ミンチとねぎを炒めたピリ辛醤油味の肉そぼろを、白髪ねぎと青ねぎとともにトッピング。韓国産甘口唐辛子を振り、仕上げに山椒を多用した自家製ラー油をたらす。このシビ辛の味わいが評判で、再注文率が高いメニューだ。冷麺といえばそば粉を使用する麺が一般的だが、こちらでは盛岡冷麺で使用されている太麺を用意。麺は1人前160g。弾力のある麺は、スープともよくからみ、食べごたえが増す。麺の茹で時間は2分で、麺の食感も柔らかめに調整している。

さつまいもを原料とした麺を焼肉で包む！

コサム冷麺専門店［東京・新大久保］

水冷麺

【 販売期間：通年 ／ 販売価格：1180円 】

コギは「肉」、サムは「包む」という意味で、「焼き肉を包んで食べる冷麺」というのがコンセプト。麺は朝鮮半島の北部で食べられている冷麺を参考にしたもので、さつまいも澱粉を原料としている。茹で時間は10秒という短さ。麺量は200gで、提供する際にスタッフが、十字形に切る。これは澱粉を熱しているため、食べ始めるとすぐにくっついてしまうというのが理由だ。麺そのものはさっぱりとしているが、澱粉の独特の旨味もあり、食べごたえもある。こちらの「水冷麺」のスープは牛骨を炊いたものに穀物酢を入れる。トッピングはキュウリ、大根、ゆで玉子。
店では、冷麺は「自家製 つくば美豚炭火焼き肉付き（1180円）」での注文を推奨しており、つくば美豚の豚バラ肉120gを炭火で焼いていたものと組み合わせて提供している。タレは醤油と粉わさびを混ぜたもの。韓国だと冷麺は焼肉と一緒に食べることが多く、水冷麺も焼肉で麺を包んで食べると麺に肉の旨味が合わさり、独特の味わいになる。

「コサム」とは「肉を包む」という意味で、同店の特徴でもある。さつまいもの澱粉を固めた麺はしっとりとした味わいなので、炭火で焼いた豚バラ肉の脂とも相性が良い。

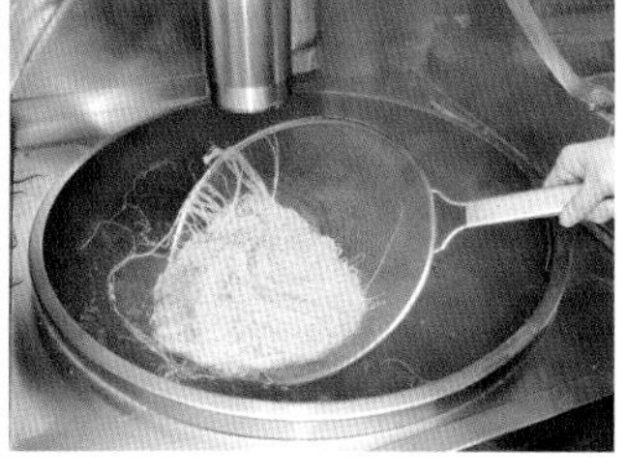

店では韓国より取り寄せた冷麺専用の製麺機を設置しており、さつまいも澱粉を固めた生地を一瞬で麺状へと押し出す。麺は澱粉質のため、湯で時間も10秒と早い。

提供時には店員が麺を十字状にカットしてくれる。これは澱粉質の麺のため、固まりやすく、事前にある程度カットしておくと食べやすくなるという。

水冷麺のスープは牛骨を炊き、穀物酢を入れてまろやかにしたもの。氷を入れてスープを冷やすことで、澱粉質の麺に歯ごたえを与える。

冷麺とビビン麺を一品で
楽しめるお得なメニュー！

コサム冷麺専門店［東京・新大久保］

ビビン冷麺

【販売期間:通年／販売価格:1180円】

同店は「肉を包む」という冷麺を2つのバリエーションで提供している。オープン時に定番の水冷麺だけでなく、辛さを重視した「ビビン冷麺」も用意。お客の比率は、男女比3対7で、新大久保という土地柄もあり、本格的な韓国風冷麺を求める女性が多く集まるという。次第に女性客を中心に人気が出てきて、今では看板メニューに。タレは10種類以上の果物や野菜で炊き、韓国産唐辛子で辛味を足している。さつまいも澱粉を使用した麺にこのタレを入れ、混ぜ合わせると完成。店では、最初は酸味のある辛さの麺をそのまま味わい、途中でやかんに入った「水冷麺」で使用している牛骨と穀物酢で仕上げたスープを入れ、水冷麺風にしてさっぱりと食べることを推奨している。そして「自家製 つくば美豚炭火焼き肉付き（1180円）」なら、スープ状にした段階で、焼肉を包んでいき、辛味のある麺と組み合わせて、濃厚な旨味が楽しめるように。

同店のビビン冷麺は、最初はビビン麺のようにまぜそばスタイルで楽しみ、途中で牛骨スープを入れ、辛口の水冷麺スタイルにして楽しめるようになっている。

ビビン冷麺は、一般的なビビン麺と同じで、果物と野菜の旨味が感じられるコチュジャン風のタレを澱粉質の麺とからめて作る。

人気の
冷やし麺

パスタ

清涼感とともに、するすると
食べられる夏の人気メニュー

Pasta e Vino Kei［東京・東池袋］

ネギトロとメカブ、卵の和風冷製スパゲッティ

【販売期間：2021年5～9月頃／販売価格：1320円】

夏メニューの売れるキーワードに、「辛さ」「清涼感」「さっぱり味」などがあるが、これらをバランス良く押さえ、魅力の品々に仕立てているのが、『Pasta e Vino Kei』だ。「清涼感」のある夏向き和風食材を使った冷製パスタながら、イタリアンの味に仕上げ、毎年、夏メニューとしての登場を心待ちにするファン客が多い。ソースは、ボウルでネギトロ、メカブ、卵、エキストラバージンオイル、めんつゆ、濃口醤油、白ワインビネガー、カツオ節粉を合わせる。茹でて冷水でしめたパスタを加え、ソースとからめる。パスタは一人前茹で前120g。皿に立体的に盛り、白ごま、刻み海苔、ガツオ節粉、万能ねぎをちらす。バスタは基本、ザラザラしたブロンズダイスを用いるが、冷製バスタのみツルツル感を出すため、あえてテフロンダイスを使用。冷製なので通常より長めに茹で、芯を残さないようにしている。

1 ボウルにツルッとしたメカブをメインにネギトロ、卵、エキストラバージンオイル、めんつゆ、濃口醤油、白ワインビネガー、カツオ節粉をまぜる。

2 ソースとからめる。テフロンダイスのパスタは少しからみにくいものの、卵で全体のまとまりがよくなるので心地よい食感に。

3 プレートの上に立体的にパスタを盛り付けたら、最後は白ごま、刻み海苔やカツオ節粉、万能ねぎをちらしていく。

麹パスタMINORI［東京・浅草］

ピリ辛塩麹トマト

【 販売期間:2021年7 〜9月 ／ 販売価格:1000円 】

同店が初めて考案した和風冷やしパスタ。中華製麺の老舗・浅草開化楼の低加水パスタフレスカ「トンナレッリ」を使用。店主は、中華製麺の老舗である浅草開化楼の麺に惚れ、こちらは新たな設備投資をせずに中華麺の製麺機で作り上げたパスタとなっている。太麺で歯ごたえが抜群で、伸びにくく、麺がくっつきにくく、冷やし麺としても最適。
夏の限定メニューとして考案したものの、冷製パスタのように味気のない麺料理にならないよう、同店の特徴である「塩麹」や辛味オイルでボリューム感を出すというのがコンセプト。ソースは自家製辛味オイル、塩麹、トマトソースを混ぜたもので、食べごたえを意識した。トッピングは白ごま、フライドオニオン、焙煎くるみ、水菜、オニオンスライス、糸唐辛子。味変のトッピングとしては自家製イリコ麹とレモン。最初はトマトの風味を味わいながら、イリコ独自の旨味を加えるとより味わい深くなる。

麹パスタMINORI［東京・浅草］

いりこ麹明太チーズ

【 販売期間：2021年7 ～9月 ／ 販売価格：1000円 】

パスタ専門店の同店では、麺に旨味を与える「塩麹」を使うことも特徴にする。「麹を使うと食材の分子が小さくなり、おいしさをより感じる」とのことで、食塩の代用に塩麹を使用。こちらは温かいメニューでも人気の高い「いりこ麹バター削りたてカツオ節のせ」を夏用にアレンジ。イリコ麹とは、伊吹イリコと塩麹を発酵させたもの。ソースは自家製イリコ麹、塩麹、カツオオイル（水を少々加えたもの）を配合した。トッピングは水菜、オニオンスライス、刻み海苔。味変用のトッピングとしては、明太子、マスカルポーネチーズ、わさび、大葉。冷やしなので、麺は味がぼやけないように塩麹でしっかりと味付けする。冷製のため、バターではなくマスカルポーネチーズで全体になじむように添える。わさびと明太子の辛味も加わっているものの辛味は弱く、麹の旨味によって非常に調和のとれたパスタに。

麹パスタMINORI［東京・浅草］

TKP（たまごかけパスタ）

【 試作品（2022年夏季に販売予定）／販売価格：1000円 】

店主は、浅草開化楼の麺を食べて感動し、この麺を使った和風パスタ店を開業。浅草開化楼の麺と聞いてラーメンファンが訪れることも多くあり、「味がわかりやすいパスタ」をメインに開発している。こちらは「卵かけご飯（TKG）」をパスタに進化させたオリジナルメニュー。つまり、「T（卵）K（かけ）P（パスタ）」という意味。2022年夏季用に販売予定のものを本書のために先行して試作品を作ってもらった。茹で前一人前110g。氷水でしめた麺は、塩麹で下味をつけ、その上に御養卵の卵黄、青唐辛子、焼きねぎ、揚げちりめんじゃこ、自家製醤油麹、削りたてカツオ節を。味の決め手は醤油麹で、まさに卵かけご飯のように醤油の香ばしい旨味が麺全体に広がっていく。卵の濃厚さが全面にからまり、カルボナーラを彷彿とさせるまろやかさの中に、青唐辛子のピリッとした辛味で刺激されるという複雑な味わいが楽しめる。

人気の冷やし麺

掲載店一覧（50音順）

人気の冷やし麺

ラーメン・うどん・そば・冷麺・パスタの「評判の冷製」を解説

発行日　2022年4月25日　初版発行

編　者　旭屋出版編集部編
発行者　早嶋　茂
制作者　永瀬正人
発行所　株式会社　旭屋出版
〒160-0005　東京都新宿区愛住町23-2
ベルックス新宿ビルⅡ 6階
郵便振替 00150-1-19572
電話　03-5369-6423（販売）
03-5369-6422（広告）
03-5369-6424（編集）
FAX　03-5369-6431（販売）

旭屋出版ホームページ　https://asahiya-jp.com

撮影　後藤弘行、曽我浩一郎（旭屋出版）、野辺竜馬
デザイン　株式会社ライラック（吉田進一）
編集・取材　井上久尚　平山大輔　葉若まりな

印刷・製本　株式会社シナノ

※定価はカバーにあります。

※落丁本、乱丁本はお取り替えします。
ISBN978-4-7511-1461-2　C2077